Gerik Chirlek . Inge Wanner

Recht und Marketing - Erläuterung für Autoren

AF222130

Gerik Chirlek und Inge Wanner

Recht und Marketing

Erläuterung für Autoren

gerik CHIRLEK / Edition Bildung und Medien

2014

Bibliografische Information der Deutschen Nationalbibliothek
Die Deutsche Nationalbibliothek verzeichnet diese Publikation in der
Deutschen Nationalbibliografie; detaillierte bibliografische Daten
sind im Internet über www.dnb.de abrufbar.

IMPRESSUM
1. Auflage 2010
2. Auflage 2014, überarbeitet
© 2014 gerik CHIRLEK / Edition Bildung und Medien
Herstellung und Verlag: BoD - Books on Demand, Norderstedt
ISBN: 978-3-8391-4332-2

Inhaltsverzeichnis

Einleitung...9

Vorüberlegung..10

Ziel und Erfolg..11

Das Manuskript / Buch 14

Preis / Wert...21

Verkaufsargument 24

Zielgruppe(n) 26

Zusammenarbeit...28

- Literaturagenturen.....................................30

- Zusammenarbeit mit dem Verlag 32

Selbst- / Klein- / Dienstleisterverlage 50

Vertrieb(swege)..55

Promotion für Ihr Buch...................................60

- Publicity und PR.......................................65

- Verschiedene Buchformate 70

- E-Mail und Internet 74

- Eigene Internetseite 84

- Internetwerbung... 96

- Weblog, Forum, RSS-Feed.............................. 100

- Direkt-response-Werbung............................... 104

- Veranstaltungen.. 109

- Lesungen... 115

- Sonstige Events... 123

- Sales Promotion / sonstige Aktivitäten........... 125

Pressemitteilungen, Berichte, Rezensionen....... 145

Wettbewerbe und Ausschreibungen.................. 159

Basiswissen - Deutscher Buchmarkt................. 160

Gratisexemplare.. 169

Pseudonym / Privatsphäre................................ 171

(Auto-)Biografie, Persönlichkeitsrecht.............. 177

Urheberrecht und Zitation................................. 185

Markenrechte / Markenschutz.......................... 198

Internetrecht... 200

Rechnung.. 205

Budget- und Businessplan................................. 206

Verlagsgründung 209

Druckmöglichkeiten 219

Verkaufspreis festlegen...221

Rabatte, Zahlungs-, Lieferbedingungen 223

Buchpreisbindungsgesetz 225

eBooks..226

VG Wort..230

Adressen (eine Auswahl) 231

Statt eines Nachworts 233

References 235

Einleitung

Leider müssen wir das vorliegende Buch mit einer guten und einer schlechten Nachricht beginnen. Die schlechte zuerst: Das Skript kann Ihnen kein Patentrezept liefern, wie Sie definitiv ein erfolgreicher Autor mit spektakulären Ideen und regelmäßigen Einkünften werden. Das ist zwar schade, leider aber realistisch. Es wird Ihnen auch nicht viel Unbekanntes vermitteln.

Aber – und so kommen wir zu der guten Nachricht: Sie werden erfahren und verstehen lernen, wie der Ablauf in der 'Buchszene' ist, dabei vielleicht einige Aha-Erlebnisse haben und viele interessante sowie einfach umsetzbare Anregungen finden. Das Buch schöpft aus dem Erfahrungsschatz referenzierter Literatur und persönlichen Erlebnissen. Es wird Sie motivieren, das eine oder andere auszuprobieren und somit den nächsten Schritt zu unternehmen, um Ihrem ganz persönlichen, vielleicht sogar heimlich gesteckten Ziel näher zu kommen.

Selbstverständlich ist es legitim, den einen oder anderen hier beschriebenen Tipp zu verwerfen oder daraus neue Strategien zu entwickeln.

Somit wünschen wir Ihnen viel Spaß beim Entdecken im Buch sowie Ausprobieren in der Praxis.

Vorüberlegung

Verschiedene Autoren und Verlage nutzen unterschiedliche Wege, ein Buch herauszugeben. Dennoch verlaufen manche Prozesse relativ synchron.

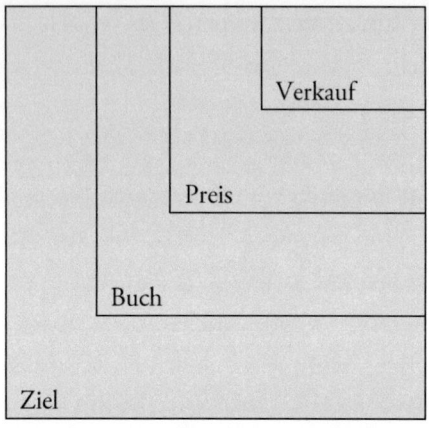

Was soll die obere Grafik aussagen? Zunächst müssen wir uns über ein Ziel im Klaren sein. Sie haben kein Ziel? Sie schreiben nur so? Vielleicht ist das bereits Ihr Ziel – einfach daran Spaß zu haben. Es kann aber auch sein, dass Sie eine Person für sich gewinnen, Ihre Vita aufpolieren oder Ihre Erinnerungen für andere festhalten möchten. Unter welcher Motivation auch immer Ihr Buch entstehen wird, entscheidend ist, dass sich Ihr damit verbundener Traum erfüllt. Und dafür können Sie eine Menge tun.

In der Regel besteht der Wunsch, das Buch gewinnbringend zu vermarkten. Aus diesem Grund nehmen wir uns im Folgenden die Zeit und betrachten die Prozesse genauer.

Ziel und Erfolg

Es muss doch einen Grund geben, warum Sie sich die Mühe machen und ein Buch schreiben. Den gibt es sicher auch. Und der ist gewiss weitaus bedeutender, als dass Sie nun endlich das beschriebene Papier wegräumen können.

Nehmen Sie sich deshalb die Zeit, für Gedanken über Ihr Buch und sich als Autor.

Die Antworten werden Ihnen bei der weiteren Marketingplanung helfen.

Mein Grund
– Spaß haben, Rollenwechsel, Traum erfüllen, eigenen Namen auf Buchcover sehen
– Mensch(en) für mich gewinnen
– Geschichte des Ortes vermitteln (z. B. mit einer Chronik oder Sammlung von Tatsachenberichten)
– beraten (z. B. mit einem Buch über Heilkräuter)
– informieren (z. B. mit einer Reisebeschreibung)
– unterhalten (z. B. mit gelungener Belletristik)
– Erinnerungen festhalten (z. B. mit einer Autobiografie oder einem Bildband)
– Vita aufwerten (z. B. mit einem Sachbuch)
– Geld verdienen (z. B. mit populären Themen)

Mein Ziel	Meine Hoffnung
– Aufklärung	– Anerkennung
– Unterhaltung	– zwischenmenschliche
– eigener Spaß	Beziehungen
– Publicity	– Gewinn
– Anerkennung	– gestärktes Selbstvertrau-
– Gewinn	en
– einen neuen Job	...
– eine Lohnerhöhung	
– Selbstbestätigung	
...	

Mein Erfolg
– Erfolg ist für mich ...
– Erfolg / Misserfolg verändert in meinem Leben ...
– Erfolg / Misserfolg verändert im Leben anderer ...
– ...

Meine Planung zur Umsetzung
– ich kann... / ich möchte ...
– ich benötige Unterstützung für ...
– es kann mir helfen ...
– ...

Meine Nachbetrachtung
– mein Ziel war … und ich erreichte …
– …

Sofern Sie die letzte Frage mit einem NOCH NICHT be-
antwortet haben, soll es Ansporn sein, die nächsten Schritte
zu unternehmen, damit Ihr Buch zu dem Leser findet, der
bereits darauf wartet. Sollten Sie die Frage mit einem JA beantworten können, finden Sie möglicherweise dennoch Anregungen, Ihre Aktivitäten zu optimieren.

Das Manuskript / Buch

Bevor ein Produkt auf den Markt kommt, wird es in der Regel ausgiebig getestet. Es muss uns bewusst sein, dass ein Buch zwar einem Produkt entspricht, es in seinem Absatz aber nicht ausreichend getestet werden kann. Entsprechend ist es wichtig, nicht nur Vorahnungen zu haben, sondern mit Überlegungen zu etwas mehr Sicherheit zu gelangen.

Das Buch
– ... vermittelt ... (Wissen über ..., ...)   – ... vermittelt nicht ...   – ... soll wahrgenommen werden als ...   – ...

Ihr Buch braucht einen Titel, das ist klar. Doch welcher ist der richtige?

Sein Titel / Untertitel
– ... ist ansprechend, originell, leicht zu merken.   – ... weckt bei der Zielgruppe Neugierde.   – ... beschreibt den Inhalt zutreffend.   – ... ist auch als Name für eine Internetseite geeignet.   – ... hat einen Untertitel für weitere Informationen, wenn der Titel spezifiziert werden soll.

Haben Sie einen Titel gefunden, der zutreffend ist und genau den Kriterien entspricht, prüfen Sie, ob der Titel noch frei ist. Es ist ärgerlich, feststellen zu müssen, dass es bereits ein Buch mit gleichlautendem oder sehr ähnlichem Titel gibt. Dann wäre dieser für Sie tabu. Auch alle Varianten, die zu einer Verwechslung führen könnten, sind zu vermeiden. Fatal wäre es, wenn sich Ihr Buch bereits im Druck befindet und Sie erst dann diese Entdeckung machen. Darum vorher informieren!

Wir wissen alle, dass der Buchmarkt so groß ist und Sie werden sich fragen, wie Sie den Überblick behalten sollen. Recherchieren Sie zunächst im Bestand der Deutschen Nationalbibliothek. Das gibt einen ersten, wenngleich noch nicht ausreichenden Hinweis, denn der Titelschutz gilt auch für Bücher, die nicht bzw. noch nicht in die Kataloge aufgenommen wurden. Als nächstes prüfen Sie das Angebot großer Online-Buchhandlungen. Hier sehen Sie bspw. auch aktuelle Neuerscheinungen und teilweise sogar Vorankündigungen. Nun sind Sie bereits auf der fast sichereren Seite. Vollständig erfasst haben Sie das Spektrum jedoch nicht. Denn es gibt Titelschutzanzeigen in der Fachpresse, die einen gewünschten Titel für 6 Monate reservieren. Es wäre dienlich, auch diese im Einzelnen zu durchforsten. Darüber hinaus können Sie eine kostenpflichtige Titelschutzanfrage online über die Deutsche Bibliothek stellen. Diese prüft, ob der Titel seit 1945 bereits erschienen ist. Wir geben zu, es ist nicht nur aufwendig, sondern auch mühselig. Eine Titelschutz-Agentur kann Ihnen diese Recherchearbeit abnehmen. Hierbei handelt es sich um ein kostenpflichtiges Angebot, welches eine vollumfängliche Recherche, also inklusive vorangemeldeter Titel beinhaltet.

Wenn Sie in einem Verlag veröffentlichen, wird dieser Ihnen in aller Regel die Recherchearbeit abnehmen. Bei Klein- und Dienstleisterverlagen sieht es schon anders aus.

Wie schmerzlich, wenn Sie den ultimativen Titel gefunden haben, dieser auch noch frei ist und kurz vor Drucklegung jemand schneller ist und Ihnen den Titel wegschnappt. Besonders ärgerlich ist es, wenn Sie den Umstand nicht mitbekommen und Sie sich nach Herausgabe des Buches statt in Feierlaune in einem Rechtsstreit befinden. Nehmen Sie deshalb die Titelrecherche sehr ernst. Natürlich können auch Sie als Privatperson Ihren Titel bspw. mit einer kostenpflichtigen Anzeige im Börsenblatt schützen lassen.

Wägen Sie gründlich ab, welche Schritte Sie tatsächlich unternehmen wollen. Verzichten Sie jedoch keinesfalls auf eine Recherche bei der Deutschen Nationalbibliothek und einem großen Internetbuchhandel. Und wenn es doch ein Buch unter dem gleichen Titel gibt? Manche Urheber und Verlage mögen darauf gleichgültig reagieren, andere werden eine gerichtlich einstweilige Verfügung erwirken und Sie damit wiederum auffordern, die Veröffentlichung bzw. den Verkauf Ihres Buches per sofort zu unterlassen.

Im Streitfall kommt es darauf an, welcher Buchtitel als erstes auf dem Markt erschien bzw. vorangemeldet wurde. Sollten Sie zuvor keine Titelschutzanzeige geschaltet haben, ist Ihr Titel bei Erscheinen des Buches automatisch geschützt, sofern er eine eigene Kennzeichnungskraft besitzt und nicht bereits von einem anderen verwendet wurde (siehe § 5 Markengesetz).

Übrigens, nicht schutzfähig sind sogenannte 'schwache Titel', bspw. 'Lehrbuch Russisch' oder 'Stadtführer Frankfurt' bzw. 'Bildband Leipzig'.

Zu guter Letzt: Bücher verlieren ihren Titelschutz, wenn sie vergriffen sind und keine Neuauflage geplant wurde. Stellen Sie hier jedoch bitte keine Mutmaßungen an.

Über das Cover (Buchumschlag) entscheidet in der Regel der Verlag. Wenn Sie allerdings selbst, bspw. über einen Dienstleisterverlag veröffentlichen, müssen Sie sich selbstverständlich auch Gedanken darüber machen. Es soll ansprechend sein und thematisch passen. Ist ansonsten alles klar? Was muss denn das Cover beinhalten? Formal gesehen: Nichts. Nicht nur der Titel, auch Ihr Cover darf nicht zu einer Verwechslung führen. Das wäre zum Beispiel dann, wenn Ihr Buch in der Aufmachung einem anderen gleicht oder aber vermuten lässt, dass es zu einer bestimmten Reihe (möglicherweise gar aus einem anderen Verlag) gehört, was nicht der Fall ist. Diese Bedingung ist einzuhalten, mehr nicht. Wir sind uns wohl darüber einig, dass es dem Leser durchaus hilft, wenn Titel und Autorenname auf dem Cover vermerkt sind. Doch ob Sie bspw. den Verlagsnamen angeben, bleibt tatsächlich Ihnen überlassen. Wichtig ist, dass der Verlagsname im Impressum erscheint. Alle zusätzlichen Stellen sind erlaubt. Es gibt auch Verlage, die Autor, Verlag, Titel und das

Erscheinungsjahr als Fußzeile auf jeder Seite anbringen. Das wäre bspw. zu empfehlen, wenn Sie Kopiervorlagen gestalten. So besteht bei dem Leser nicht zwingend die Notwendigkeit, auf jeder verwendeten Seite die Quelle zu notieren.

Sind Sie Ihr eigener Verleger, können Sie auf dem Cover selbstverständlich passend zu Ihrem Verlagsnamen Logos gestalten und auch Abkürzungen verwenden. Diese sollten jedoch den Bezug zum tatsächlichen Verleger herstellen und keinesfalls eine Verwechslungsgefahr beinhalten. Neben Autor, Titel, Verlag finden Sie gelegentlich auch den Namen einer Reihe auf dem Cover. Falls auch Sie Ihr Buch einer Reihe zuordnen möchten, sollten Sie der definitiven Überzeugung sein, dass Ihr erstes Buch dort nicht lange alleine bleiben wird. Das heißt, die Angabe einer Reihe hat Sinn, wenn Sie fest eingeplant haben, mehrere Bücher unter dieser Reihe zu veröffentlichen. Dass irgendwann einmal der Anfang getan werden muss, ist jedem klar und Ihr Leser wird gespannt auf das zweite Buch sein. Lassen Sie ihn nicht zu lange warten.

Das Cover
−   ... ist einprägsam (Farbe, Text, Bild).
−   ... ist unverwechselbar.
−   ...

Der Rücken- oder Klappentext ist für einen Kauf häufig entscheidend. Bemühen Sie sich mit diesem die Spannung aufzubauen, die den Kunden förmlich zwingt, das Buch zu kaufen.

Der Rückseiten- / Klappentext
– ... liefert ein Kaufargument für den Leser.
– ... gibt einen Hinweis, für wen das Buch geeignet ist (z. B. Schwierigkeitsgrad, Altersklasse).
– ... gibt mit wenigen Sätzen den Inhalt wieder (günstigenfalls 2-3 Sätze, etwa 150 Wörter, 1000 Zeichen; max. 300 Wörter, 2000 Zeichen).
– ... beinhaltet ggf. eine Kurzvorstellung des Autors.
– ... beinhaltet ggf. Leserstimmen, Rezensionen, Empfehlungen [Veröffentlichungserlaubnis einholen].
– ...

Ein guter Klappentext ist verständlich und emotional. Er weckt Neugier, in dem er für den Leser einen Nutzen in Aussicht stellt. Verwenden Sie:
- treffende Adverbien und Adjektive
- keine Schachtel- und Nebensätze
- keine Floskeln, Füllwörter, Fremdwörter, Synonyme, Wiederholungen

Ein Vorwort ist gut, wenn Sie tatsächlich etwas zu sagen haben, was sich im Text nicht unterbringen lässt. Bedenken Sie jedoch, dass die einen nie, die anderen nur das Vorwort lesen.

Das Vorwort

- ... bietet Metainformationen zum Buch.
- ... ist informativ, gibt einen Einblick in das Buch.
- ... ist insbesondere interessant, wenn Sie einen Prominenten motivieren konnten, für Ihr Buch ein Vorwort zu (unter)schreiben. (Denn wenn sich bspw. ein Politiker bereiterklärt, für Ihr Buch ein Vorwort zu schreiben, hält dieser es auch für kaufenswert. Er würde es sonst nicht tun, schließlich hat er einen Ruf zu verlieren.)
- ...

Wenn das Vorwort ausgesprochen informativ ist und Ihrer Meinung nach Neugierde weckt, lohnt es sich, es kostenlos zum Download als Text- oder Audiodatei im Internet zur Verfügung zu stellen.

Während Sie sich mit dem Inhalt Ihres Buches beschäftigen und nebenbei über Marketingstrategien nachdenken, sollten Sie die Frage der Wirkungsweise nicht außer Acht lassen.

Die Wirkungsweise

- ... auf bekannte und unbekannte Personen ist ...
- ... des Buches, seine Botschaft, Herstellung und Marketing ist positiv, weil ... / ... ist negativ weil ...
- Sofern sich die Wirkungsweise und die Absicht voneinander unterscheiden, sollten Sie sich Gedanken über eine Optimierung machen.

Preis / Wert

Jedes Buch hat seinen Preis und zwar einen, der Ihre Ausgaben deckt und dem Buch in seinem Wert gerecht wird. Sind Sie dafür verantwortlich, einen Verkaufspreis für Ihr Buch festzulegen, machen Sie sich zuerst Gedanken, welchen Wert es hat. Es gibt Überlegungen, wie viel ein Kunde bereit ist, für ein Taschenbuch oder gebundenes Buch auszugeben. Die Überlegungen kommen zu unterschiedlichen Ergebnissen. Letztendlich sind der Inhalt und das dahinterstehende Kaufargument wesentlich. Sind Sie selbst bereit für den Regionalführer eines bereisten Landes mehr zu bezahlen als für eine Beschreibung über eine Gegend, die Sie erst kennenlernen wollen? Nun, das ist Ihre Entscheidung und ein anderer würde Ihnen eventuell beipflichten oder widersprechen. Gehen Sie also davon aus, dass der Kunde kein Buch kauft, sondern den Inhalt (z. B. Wissen, Rat, Spaß), den er für sich als nützlich bezeichnet. Insofern ist es mithin sinnvoll zu überlegen:

– Welchen Wert gewinnt der Kunde mit dem Kauf des Buches? Was bedeutet es für den Kunden, das Buch nicht zu nutzen / zu kaufen?
– Wie hoch ist der Gesamtaufwand (z. B. Zeit und Geld) für den Kunden, das Buch zu nutzen / zu kaufen?
– Gibt es gefühlsmäßige Gründe für den Kunden, das Buch nicht zu kaufen? (z. B. Buch wird nicht gekauft, weil der Autor unbekannt ist oder lieber anonym gekauft, weil der Autor einen negativen Leumund hat)

- Könnte es finanzielle Gründe für den Kunden geben, das Buch nicht zu kaufen? (z. B. Zielgruppe kann sich das Buch für den kalkulierten Preis nicht leisten)

Unter Berücksichtigung der genannten Punkte können Sie den Preis für Ihr Buch ermitteln.

Preiskalkulation	
	Preis ohne Herstellungskosten
+	Zeit und Aufwand (eigene Person)
+	Zeit und Aufwand (andere Personen)
+	Kosten für Druck, Grafik, Layout
+	Kosten für Lieferanten, Grossisten, Einzelhändler, Sponsor-Aktivitäten
+	Sonstige Kosten

Haben Sie alle Kosten einkalkuliert? Bedenken Sie zusätzlich, dass durch den Buchverkauf gleichzeitig die Ausgaben für Gratisexemplare und Rabatte, bspw. für Buchhändler, erwirtschaftet werden müssen. Ist der kalkulierte Buchpreis für den Wert des Buches konkurrenzfähig? Gehen Sie vom Inhalt und Nutzen aus, nicht, ob es auch günstigere Bücher gibt. Sie gibt es, ganz bestimmt. Doch Sie müssen nicht billig sein und ein hoher Preis muss nicht abschrecken, er kann auch Glaubwürdigkeit für einen wertvollen Buchinhalt verleihen.

Übrigens, der so genannte Schwellenwert ist Geschmacksache. Es gibt Verkaufspsychologen, die Ihnen sicherlich zu einem Verkaufspreis von bspw. 21,99 € raten, anstatt 22,00

€. Lassen Sie sich von Ihren Erfahrungen und Ihrem Gefühl leiten. Wie viel kostete eigentlich Ihr letzter Neuerwerb? Sagen Sie bloß, Sie haben gar nicht auf die Nachkommastellen geachtet?

Verkaufsargument

Um ein Buch zu verkaufen, benötigen Sie Verkaufsargumente. Sie wissen selbstverständlich, dass Ihr Buch unvergleichlich gut ist, weil es anders als die anderen ist und Sie wissen auch wie viel Liebe Sie in die Details gesteckt haben, damit der Leser sagen wird, dass sich der Kauf definitiv gelohnt hat. Doch wenn der Leser in eine Buchhandlung geht, stehen dort viele viereckige Werke, die allesamt von Autoren geschrieben wurden, die erstaunlicherweise das Gleiche von ihrem Buch behaupten. Sie werden also nicht umhin kommen, auf Ihr Buch aufmerksam zu machen. Dazu gehört, sich zunächst Gedanken zu den Verkaufsargumenten zu machen.

Eine vielleicht ketzerische Frage: Würden Sie Ihr Buch selber gern lesen? Dann erklären Sie das Warum und schon erhalten Sie die ersten Ansätze.

Analysieren Sie Ihr Buch und sich als Autor.

Das Buch
- Was ist die Schlüsselbotschaft? (z. B. Wissensvermittlung, wie man mit … umgeht)
- Warum und wozu benötigt der Leser den Buchinhalt?
- Worin liegt der Unterschied zu anderen Büchern?
- Warum soll der Buchhändler das Buch aufnehmen und zum Kauf bereithalten?
- Wie soll Ihr Buch wahrgenommen werden?

Der Autor

- Stimmen der Inhalt des Buches und Ihr Image überein? Wie ist die Selbst- und Fremdwahrnehmung?
- Was ist Ihr persönliches Markenzeichen? (z. B. Mitglied bei … oder grundsätzlich eine grüne Hose)
- Wie möchten Sie als Autor wahrgenommen werden?

Finden Sie Nischenplätze und argumentieren Sie damit. Ein Beispiel: Als Krimi-Autor teilt man sich den Buchmarkt mit vielen. Beschreibt man jedoch den unbeabsichtigten Fall einer Person von einer lokal bekannten Brücke, wird das Buch für Regionsansässige zusätzlich interessant.

Zielgruppe(n)

Einige Autoren machen sich bereits vor dem Schreiben eines Buches Gedanken, wer die Zielgruppe sein könnte. Spätestens jedoch nachdem das Manuskript geschrieben ist und Sie mit den Überlegungen hinsichtlich Vermarktung beschäftigt sind, sollten Sie Ihre Zielgruppe genau kennen. Sie haben diese noch nicht genau betrachtet? Dann tun Sie es jetzt! Das ist nicht nur die Angelegenheit des Verlages. Nicht selten werden Sie nach den Absatzchancen gefragt.

Beschäftigen Sie sich also mit den Fragen:
– Wer braucht Ihr Buch?
– Wer kauft Ihr Buch?

Das können im Übrigen auch zwei verschiedene Zielgruppen sein. Was meinen Sie, wie viele Kinder-Lexika in den Schränken der Erwachsenen verschwinden, nur weil diese den Charme der Verständlichkeit haben?

Definieren Sie Ihre Zielgruppe möglichst eng. Legen Sie sich auf maximal drei fest. Umso systematischer können Sie spätere Werbemaßnahmen ableiten.

Analysieren Sie im Folgenden Ihre Zielgruppe.

Die Zielgruppe

- ... stammt aus bestimmten Milieus, Gesellschafts- oder Einkommensschichten.
- ... wird von der Handlung und dem gewählten Milieu des Buches angesprochen.
- ... hat eine Altersstruktur von ... Es gibt mehr weibliche / männliche Vertreter.
- ... interessiert bestimmte Regionen oder Ereignisse.
- ... liest außerdem ...
- ... hält sich auf in ...
- ... unterscheidet von anderen ...
- ... gehört zur Gruppe / Berufsgruppe ...
- ... hat ähnliche Lebensabschnitte bzw. bestimmte gleichartige Interessen.
- ... ist offline anzutreffen in ... (z. B. Lokalen, Museen, Kinos, ...); arbeitet bei ...; macht in der Freizeit ...; ist in den Vereinen / Verbänden ... organisiert; benutzt die Verkehrsmittel ... (z. B. Pkw, Bus, Bahn); nimmt an folgenden Veranstaltungen teil ...
- ... ist online anzutreffen in der Zeit ...; nutzt die Internetseiten / Portale / Foren ...; liest die Newsletter ...
- ... kauft außerdem ...
- ...

Zusammenarbeit

In unterschiedlichen Phasen lohnt es sich, über eine Zusammenarbeit nachzudenken. Die Intention kann sehr verschieden sein. Mag sein, Sie haben einen Gleichgesinnten gefunden oder aber festgestellt, dass Sie für Ihr Buchprojekt dringend Hilfe benötigen. Es gibt das Sprichwort: 'Drum prüfe, wer sich ewig bindet.' Bedenken Sie, 'ewig' bedeutet in der Zusammenarbeit mit einem Co-Autor 70 Jahre bis nach dem Tod. Unter dem Gesichtspunkt ist es nicht irrelevant, sich grundlegende Gedanken über eine künftige Zusammenarbeit zu machen.

Was kann ich alleine?	Wobei benötige ich Unterstützung?
– Lieferung von Ideen, Grafiken, Fotos – Promotion des Buches – Mitbenutzung einer Verkaufsfläche – ...	
Mit wem bringt eine Zusammenarbeit Vorteile?	Mit wem bringt eine Zusammenarbeit Nachteile?
– synergetische Effekte bei der Produktkombination (Buch in Kombination mit dem Produkt eines anderen verkaufen) – Zusammenarbeit mit dem Buchhandel, den örtlichen Literaturvereinen, der regionalen Kurverwaltung – ...	
Wer kann mir helfen?	Mit wem würde ich gern zusammen arbeiten?

Haben Sie nicht eine spezielle Person auserkoren, mit der Sie unbedingt und nur mit ihr ein gemeinsames Werk erstellen möchten, sollten sie gründlich überlegen, wofür Sie Unterstützung benötigen und in welcher Form die Zusammenarbeit erfolgen soll.

Auch wenn Sie sich jederzeit einig sind, sich niemals einen Streit vorstellen können, empfiehlt sich der Abschluss eines Vertrages. So haben Sie, auch Ihre Erben eine klare Struktur, auf die man sich im Ernstfall beziehen kann, wenn ein konstruktives Gespräch etwas schwieriger erscheint. Definieren Sie in dem Vertrag genau, was welche Vertragspartei zu welchen Bedingungen leistet und erwartet.

Berücksichtigen Sie in Ihren Planungen auch die Konsequenzen des Erfolgs und des Misserfolgs für Ihre Partner. Die Erfolgsaussicht ist in der Regel ein Motivationsgarant.

Neben einem Vertragsabschluss und daraus erwachsenden finanziellen Ansprüchen, besteht natürlich auch die Möglichkeit, allen Mitwirkenden ein Gratisexemplar zu schenken. Eine nette Geste. Nehmen Sie sich jedoch vor falsch verstandener Abhängigkeit in Acht. Verschenken Sie keine Bücher, auch nicht an Freunde, Familienangehörige oder Kollegen. Einerseits wecken Sie mit einer Gabe auch die Erwartung, automatisch bei jeder Neuerscheinung bedacht zu werden. Andererseits werden diejenigen, die Ihr Buch umsonst erhielten, es im seltensten Fall noch einmal kaufen. Das bedeutet jedoch nicht, dass sich ein selbst geschriebenes Buch nicht auch hervorragend eignet, einem besonderen Menschen 'Danke' zu sagen.

- Literaturagenturen

Wir alle haben wohl schon von der einen oder anderen unseriös agierenden Literaturagentur gehört. Doch mal ehrlich: Wie viele Literaturagenturen gibt es und von wie vielen 'schwarzen Schafen' können Sie berichten? Gehen Sie also davon aus: Ja, es gibt jene, die korrekt mit Ihnen zusammenarbeiten möchten, ebenso wie jene, denen die Tätigkeit an sich über den Kopf wächst oder solche, die von vornherein andere Absichten verfolgen. Leider verbreiten sich schlechte Nachrichten rasch und von den vielen reibungslos verlaufenden Vermittlungen hört man wenig oder gar nichts. Wenn Sie Sicherheit möchten, recherchieren Sie im Internet, Fragen Sie bei Berufskollegen und bilden Sie sich insbesondere eine eigene Meinung.

So unterschiedlich wie Literaturagenturen arbeiten, so verschieden sind auch die Verträge. In der Regel wird ein Ein-Jahres-Beratungsvertrag abgeschlossen. Dieser umfasst die Manuskriptbearbeitung und Verlagsvermittlung.

Im Erfolgsfall ergibt sich für die Literaturagentur ein zeitlich unbegrenztes Honorar von üblicherweise 15 % (inklusive Vermittlungskosten), das prozentual am Nettohonorar des Autors zuzüglich Mehrwertsteuer ausgerichtet ist.

Grundlage bilden hierfür der laufende Verlagsvertrag und nach Inhalt sowie Zeitraum klar definierte Folgeverträge.

Als Folgevertrag wird bspw. die Veröffentlichung eines zweiten Buches bei dem gleichen Verlag verstanden, auch wenn der Agenturvertrag bereits ausgelaufen ist. Nicht davon betroffen sind in der Regel Nebenrechte, da diese Gegenstand des Verlagsvertrages sind.

Üblicherweise fordert die Agentur das Honorar vom Verlag ein, nach Abzug der Provision wird die Differenz an den Autor weitergeleitet

Sicherlich kann jeder Vertrag im Detail anders aussehen und es gilt abzuwägen, inwiefern man selbst Kontakt mit den Verlagen aufnimmt oder ob man das anderen überlässt und dafür sein Honorar schmälert. Unterschätzen Sie allerdings den Einfluss von Agenturen nicht. Setzen Sie deshalb das Leistungsportfolio der Literaturagentur Ihrem Bedarf an Unterstützung gegenüber. Prüfen Sie, inwiefern das Angebot der Literaturagentur eine wertvolle Ergänzung darstellt, zu Ihnen, Ihrem Manuskript sowie Bedarf passt und lesen Sie den Vertrag gründlich, um zu wissen, woran Sie sich binden. Ist Ihnen das klar, können Sie sich auch dafür oder dagegen entscheiden.

Am Rande: Gelegentlich liest man über Autoren, deren Offerten bei Verlagen erfolglos blieben, obgleich ihr Buch durchaus lesenswert war. Einige arbeiten zwischenzeitlich eng mit Agenturen zusammen. Manche gründeten auch unter einem anderen Namen selbst eine Agentur, um somit ihre eigenen Bücher zu vermitteln. Vielleicht war es Glück oder tatsächlich ein werbepsychologischer Trick.

- Zusammenarbeit mit dem Verlag

Verlagssuche

Bevor Sie einen Verlag anschreiben, ist es empfehlenswert, sich zunächst mit dem Verlagsprogramm auseinandersetzen. Können Sie dem entnehmen, dass sich der Verlag auf pädagogische Fachliteratur ausgerichtet hat, werden Sie wenig Erfolg haben, Ihren Roman zu platzieren. Doch das allein ist noch nicht erfolgversprechend. Richten Sie den Blick kritisch auf Ihr eigenes Manuskript. Hat es die notwendige Qualität, betrachten Sie den Umfang. Während ein fachwissenschaftlicher Beitrag schneller das Interesse weckt, findet sich für einzeln eingesandte Kurzgeschichten seltener Verwendung. Das ist leicht erklärt. Schließlich müssten Sie sich genau an den Verlag wenden, der bereits mehrere Kurzgeschichten gesammelt hat und nur noch auf Ihre wartet. Es mag ihn geben, doch welcher ist es?

Booklets (dünnere Bücher) wiederum sind zwar von den Produktionskosten her günstig, jedoch auch geringpreisiger. Dadurch kippt das Verhältnis zwischen Aufwand für Werbung und Verkaufsförderung einerseits und erwartete Einnahmen andererseits. Doch vielleicht ergeben sich in Laufe der Zeit noch einige Geschichten und Sie können dem wohl ausgesuchten Verlag eine eigene Zusammenstellung anbieten. Das wäre doch eine prima Alternative.

Verlagsanschreiben

Mit einem Verlagsanschreiben präsentieren Sie Ihr Manuskript. Aus diesem Grund sollte es neben dem Genre bzw. der

Thematik auch die Zielgruppe enthalten. Da Ihr Exposé nur wenige Seiten umfassen wird, ist auch die Angabe des Gesamtumfangs von Bedeutung. Es gibt verschiedene Zählweisen. Üblich sind die Angabe von Standardseiten (Standardseite = 30 Zeilen à 60 Zeichen = 1800 Zeichen) bzw. die Angabe der Gesamtzeichenanzahl inklusive aller Satz- und Leerzeichen.

Selbstverständlich ist es Ihre freie Entscheidung, Ihr Manuskript mehreren Verlagen anzubieten. Ob Sie darauf in einem Verlagsanschreiben hinweisen, ist zweischneidig. Einerseits vermeiden Sie mögliche Missverständnisse, andererseits kann es passieren, dass ein Verlag auf Grund dieser Tatsache das Interesse an Ihrem Manuskript verliert. Um unerwünschten Überschneidungen (insbesondere bei Artikeln für Zeitschriften) vorzubeugen, sollten Sie entweder von vornherein darauf hinweisen, dass es sich um ein 'nicht exklusives' Angebot handelt, mindestens aber um Kontaktaufnahme vor Veröffentlichung bitten. Das Ansinnen mag Sie erstaunen, doch während für die Buchveröffentlichung mit Ihnen in der Regel ein Vertrag abgeschlossen wird, ist das bei Presseerzeugnissen nicht generell der Fall.

Möchten Sie, dass bspw. Ihr Manuskript zurückgeschickt wird, weisen Sie bitte darauf hin und planen ein eventuelles Rückporto ein.

Autorenvita

Eine Autorenvita hat kurz und prägnant zu sein, auch wenn Sie sich freuen, dass es nun endlich mal um Sie geht ... - Irrtum, nicht Sie, sondern Ihr Buch hat im Mittelpunkt zu ste-

hen. Beachten Sie den Abschnitt zur Pressemappe! Er wird
Ihnen einige Anregungen geben.

Gedanken zu möglichen Käufern

Wir sprachen bereits über die Zielgruppe. Auch wenn Sie die
Gedanken ein wenig zur Seite geschoben haben, da Sie einen
Verlag an Ihrer Seite wussten, inzwischen holt Sie die Zeit
ein. Denn bei Abgabe eines Exposés erwartet ein Verlag nicht
selten, dass Sie Ihre Gedanken zu möglichen Käufern mitlie-
fern.

Exposé

Bei einem umfangreichen Manuskript wird üblicherweise ein
Exposé von maximal 2-4 Seiten angefertigt, das einerseits
(Ver)Kaufsargumente und Fertigstellungszeitpunkt enthält,
andererseits den Inhalt des gesamten Manuskripts charakteri-
siert.
Für Kurzgeschichten ist das freilich nicht so. In diesem Fall
wird das Szenario bzw. die Kernbotschaft mit wenigen Sätzen
beschrieben.

Manuskript

Jeder Verlag macht seine eigenen Vorgaben. Sprechen Sie mit
dem zuständigen Mitarbeiter im Vorfeld die Modalitäten ab.
Es empfiehlt sich, das Manuskript nicht fest zu binden. Für
eine ansprechende äußere Erscheinung können Sie bspw. eine
Klemmmappe nutzen. Auch wenn anderes wirtschaftlich
scheint, gönnen Sie jedem Versand einen frischen Ausdruck.
Es vermittelt nämlich nicht den besten Eindruck, wenn be-

reits der Vorgänger beim Durchblättern Knicke und Fingerspuren hinterlassen hat.

Sofern Sie keine Datei einreichen sollen, aus welcher der Druck direkt angestoßen wird, ist es üblich, dass innerhalb des Manuskriptes mit Formatierungen sparsam umgegangen und für ein Bild lediglich ein Platzhalter mit entsprechendem Vermerk eingefügt wird. Das hält die Datei klein und die Bilder können separat für den Druck optimal aufbereitet werden.

Verlagsvertrag

Mit einem Verlagsvertrag wird das Verwertungsrecht geregelt, das heißt der Umfang der Vervielfältigung, Verbreitung, Sendung, Vortrag, Wiedergabe etc. Er wird in der Regel schriftlich abgeschlossen, allerdings ist das formal nicht notwendig. Es bedarf lediglich der beidseitigen Willenserklärung und des schlüssigen Verhaltens, z. B. Einsendung eines Manuskriptes mit der Bitte um Veröffentlichung, die wegen tatsächlichem Verlagsinteresses auch erfolgt.

Auch wenn mündliche Verabredungen durchaus Bestand haben, ist der Verlagsvertrag eine wesentliche Grundlage zwischen Ihnen und dem Verlag. Mit einem Vertragsabschluss entstehen wechselseitige Verpflichtungen.

Aus diesem Grund können und sollen Sie natürlich auch hier vor Unterschrift den Vertrag auf seinen Bestandteile prüfen. Diese wären üblicherweise:

- räumliche und zeitliche Rechteübertragung
- Lieferung von Fotos und Grafiken
- Konkurrenzausschluss

- Preis des Buches, Auflagenhöhe, Auslieferungstermin
- Abrechnungszeitraum, Honorar
- honorarfreie Aktualisierung von Sachbüchern

Selbstverständlich kann jeder Vertrag individuell geschlossen und genauso individuell das Honorar vereinbart werden. Ein entwickelter Normvertrag hilft bei der Orientierung. Auf den Internetseiten des Börsenvereins des Deutschen Buchhandels können Sie sich mit diesem vertraut machen und weitere Informationen erhalten.

Möglicherweise wird Sie der Ausschluss irritieren, Bücher über denselben Gegenstand bei einem Mitwettbewerber zu veröffentlichen. Auch dieser Klausel müssen Sie genügen. Doch beabsichtigten Sie tatsächlich das gleiche Buch bei einem anderen Verlag nochmals verlegen zu lassen? Mehr bedeutet es nicht, denn untersagt sind lediglich Ausführungen zu gleicher eng gefassten Thematik (z. B. in einem Fachbuch) bzw. bei einem belletristischen Werk die gleichen Figuren zu verwenden.

Eine Veröffentlichungszusage hindert Sie natürlich daran, Ihr Manuskript anderen Verlagen anzubieten. Das haben Sie in der Regel auch nicht nötig. Sollte die Veröffentlichung selbst von Monat zu Monat verschoben werden, können Sie dem Verlag eine Nachfrist setzen und letztlich auch vom Vertrag zurücktreten. Bedenken Sie Ihre Schritte allerdings gut, denn Verschiebungen können durchaus begründbar sein und nach einer filmreifen Szene dürfte der Verlag kaum wiederholt Interesse an einem Ihrer Manuskripte zeigen.

Kommt es also während der Vertragslaufzeit zu Unregelmäßigkeiten, kann vom Vertrag wegen Nichterfüllung einzelner Vertragsverpflichtungen (z. B. Terminüberschreitung bei Manuskriptabgabe oder Honorarzahlung) letztlich auch zurückgetreten werden. Sie bemerken schon, das Recht steht beiden Vertragsparteien zu. Derlei Dinge können passieren, bewahren Sie bitte die notwendige Ruhe, um auch hier professionell zu agieren.

Falls der Verlag in Verzug kommt, setzen Sie zunächst auch hier eine Frist zu Nachbesserung und ziehen Sie dann einen Rücktritt in Erwägung.

Bei einer vorzeitigen Kündigung des Verlagsvertrages ist darauf zu achten, dass auch das eingeräumte Nutzungsrecht endet.

Keine Angst, man lässt Sie bei diesem wichtigen Thema nicht alleine. Einblick in den Normvertrag können Sie - wie bereits erwähnt - auf den Internetseiten des Börsenvereins des Deutschen Buchhandels erhalten.

(siehe www.Boersenverein.de).

Sollten zu einem Vorgang im Vertrag keine speziellen Regelungen enthalten sein, befindet sich niemand in einem rechtsfreien Raum. Das Verlagsgesetz (Gesetz über das Verlagsrecht) gilt, wenn ein Vertrag gänzlich fehlt oder zumindest eindeutige Formulierungen versäumt wurden.

Nach Verkaufsende der Gesamtauflage, zu der keine Nachauflage geplant ist, endet der Verlagsvertrag bzw. erhalten Sie an dieser Stelle die Gelegenheit, vom Vertrag zurückzutreten. Schließlich bestand die Pflicht aus dem Vertrag für den Verlag, Ihr Werk zu vervielfältigen und gemäß der eingeräumten

Nutzungsrechte zu verbreiten. Dieser käme er nun nicht mehr nach. Beachten Sie bitte die Formulierungen in Ihrem Verlagsvertrag, ob in diesem Fall eine automatische Beendigung des Vertrages erfolgt oder Ihrerseits noch Schritte zu unternehmen sind. Nachdem Sie die Nutzungsrechte zurückerhalten haben, können Sie Ihr Buch einem anderen Verlag anbieten.

Übertragung der Nutzungsrechte

Innerhalb des Verlagsvertrages wird insbesondere der Umgang mit den Nutzungsrechten geregelt. Generell sind diese eindeutig formuliert und unterscheiden sich in Hauptrechte (z. B. Buch) und Nebenrechte (z. B. Hörspiel). Sie können auf den Raum, die Sprache, Zeitspanne, Anzahl an Auflagen bzw. Exemplaren begrenzt werden.

Als Autor können Sie dem Verlag die Nutzungsrechte exklusiv bzw. nicht exklusiv übertragen. Bitte beachten Sie: Haben Sie dem Verlag exklusive Nutzungsrechte eingeräumt, darf keine weitere Nutzung durch andere erfolgen. Auch als Autor müssen Sie sich danach richten und dürfen in dem Fall Ihr Manuskript bspw. auch nicht in einem Selbstverlag veröffentlichen.

Sollte der Verlag von den ihm eingeräumten Nutzungsrechten keinen Gebrauch machen, können diese einzeln wieder zurückgerufen werden (§41 UrhG). Aber bitte, bevor Sie nun spontan agieren und sich eine Veröffentlichung verscherzen, gehen Sie die Angelegenheit überlegt an. Zunächst sollte eine angemessene Wartezeit erfüllt sein. Für Bücher sind das üblicherweise 2 Jahre, für Zeitungen und Zeitschriften etwa 3

Monate bis 1 Jahr. Rückt diese Zeit in die Nähe bzw. ist sie bereits verstrichen, setzen Sie dem Verlag eine Nachfrist zur Nutzung der Rechte. Erst wenn auch diese Zeit erfolglos verstrichen ist, können Sie davon ausgehen, dass sich keine Veröffentlichung mehr ergeben wird.

Lektor

Ein Lektor wird Ihren Text lesen, gegebenenfalls auch Hinweise für mögliche oder auch notwendige inhaltliche Änderungen geben. Sie dürfen sich darauf verlassen, dass er keine gravierenden Änderungen eigenmächtig vornimmt, ohne diese mit Ihnen abgesprochen zu haben. Schließlich ist Ihr Werk urheberrechtlich geschützt und darf nicht entstellt werden. Lediglich die Korrektur von Tippfehlern, Orthografie oder Grammatik bzw. kleinere Umstellungen können seitens des Verlages ohne vorherige Absprache mit dem Autor vorgenommen werden.

Was meinen Sie, wie schnell es in die Presse gelangen würde, dass ein Verlag diesbezüglich das Urheberrecht verletzt hat? Und wie oft haben Sie bereits davon gehört? Vermutlich noch gar nicht. Selbstverständlich malt man sich die Welt mit einer Menge Horrorszenarien aus. Doch wer absolute Sicherheit möchte, darf sein Manuskript nur in der eigenen, abgeschlossenen Schublade lassen. Gehen Sie also davon aus, dass sich ein Verlag keinen rechtlichen Verstoß leisten wird, Ihr Werk weder entstellt, noch dieses unter dem Namen eines anderen veröffentlicht wird. In Endkonsequenz würde der Verlag mit einer einstweiligen Verfügung (vor Veröffentlichung) bzw.

einer Schadensersatzklage (nach Veröffentlichung) konfrontiert werden.

Sie haben Recht, es gibt schwarze Schafe. Doch es gibt auch Menschen, die im Lotto eine Million gewonnen haben. Sie auch?

Korrekturabzug

In der Regel wird Ihnen seitens des Verlages ein kostenfreier Korrekturabzug überstellt, den Sie als Autor prüfen und als 'druckfertig' deklariert dem Verlag zur Veröffentlichung freigeben. Können Sie diesen aufgrund vorhandener Fehler nicht freigeben, wiederholt sich die kostenfreie Korrekturabzugserstellung solange, bis ein makelloses Exemplar vorliegt (siehe § 8 Normvertrag).

Doch Achtung, das ist für Sie nicht der Freibrief, nochmals Änderungen durchzuführen oder sonstigen kreativen Ideen nachzugehen. Diese werden Ihnen dann sehr wohl in Rechnung gestellt. Ungerecht? Bedenken Sie, dass Sie damit die stundenlange Arbeit eines Lektors zunichte gemacht haben, der in dem Umfang Ihrer Änderungen nun erneut mit seiner Arbeit beginnen muss. Ausnahmen gibt es, doch betreffen diese ausnahmslos Fachtexte, welche mit grundlegend neuen Ereignissen konfrontiert werden, bspw. Gesetzesnovellierungen, Sterbedaten etc.

Honorar

An und für sich muss das Honorar in einem Verlagsvertrag nicht geregelt sein. Denn es besteht gemäß Urheberrecht ein Grundanspruch auf eine angemessene Vergütung des Autors.

Allerdings sind konkrete Formulierungen ratsam, um einem späteren Streit vorzubeugen.

Honorare können unterschiedliche Bezugsgrößen haben und vielfältig ausgestaltet sein. Doch müssen sie in jedem Fall eindeutig definiert sein. Üblich sind Berechnungsgrundlagen wie Nettoladenpreis bei einem Buch, Seitenpreis bei Zeitschriften und Zeilenpreis bei Zeitungen.

In der Regel errechnet sich das Honorar aus dem prozentualen Anteil eines Buches im Verhältnis zur verkauften Menge, selten auch nach dem Verlagsumsatz. Bitte betrachten Sie grundsätzlich das zu erwartende Gesamthonorar, nicht den Anteil an einem einzigen Buch. Was nützt Ihnen die Aussicht auf eine hohe Vergütung, die jedoch erst ab einer verkauften Stückzahl eintritt, die unerreichbar erscheint?

Der Verband Deutscher Schriftsteller in der Gewerkschaft ver.di gibt bspw. Honorarempfehlungen. So ist zu lesen, dass bei Hardcover-Ausgaben ein Honorar in Höhe von 10 % vom Nettoverkaufspreis und bei Taschenbuch-Aus-gaben ein Honorar in Höhe von 5-7 % vom Nettoverkaufspreis empfohlen wird (siehe www.mediafon.net).

Gehen Sie davon aus, dass sich die Produktionskosten nicht selten zwischen 30-50 % des Buchhandelspreises bewegen. Doch auch das ist relativ zu sehen. Je kleiner ein Verlag und je dünner die Kapitaldecke ist, desto geringer kann eine Vorfinanzierung ausfallen. Daraus folgt die Veröffentlichung in einer Kleinauflage mit teureren Produktionskosten und schmäleren Gewinnaussichten. Entsprechend können die

Autorenhonorare nur angemessen, jedoch nicht überragend ausfallen.

Auch Übersetzer haben einen Anspruch auf einen Anteil am Verkaufserlös. Gemäß einem Urteil des BGH aus dem Jahr 2009 können Übersetzer ab 5000 verkauften Exemplaren zukünftig eine Beteiligung von 0,4 % für Taschenbücher und 0,8 % für Hardcover erwarten.

Mindestens jährlich sollten Sie eine Honorarabrechnung erhalten. Haben Sie Anlass zur Beanstandung, sollten Sie zunächst ein ruhiges Gespräch suchen. Vielleicht handelt es sich um eine harmlose fehlerhafte Dateneingabe. Zwar könnten Sie um die Prüfung von einem Wirtschaftsprüfer bitten, sollten sich Ihrer Sache jedoch sehr sicher sein. Sofern nämlich kein Fehler nachgewiesen werden kann, werden die Kosten Ihnen auferlegt.

Über ein Ausfallhonorar können Sie ebenfalls verhandeln. Allerdings ist der Verlag nach dem BGB ohnedies verpflichtet, bei einem bestellten Buch das ganze Honorar, unabhängig von einer Veröffentlichung, zu zahlen. Im Fall des Falles kann das vereinbarte Ausfallhonorar niedriger sein, als der Rechtsanspruch gemäß BGB gewesen wäre.

Und noch ein gesetzlicher Schutz: Es ist ebenso legitim, alle Rechte an einem Werk gegen ein einmaliges Honorar (buy out) zu verkaufen. Ergibt sich dann doch ein Missverhältnis im Ertrag und dem einst erhaltenen Honorar, schützt Sie der

§ 32 UrhG, welcher in diesem Fall eine angemessene Beteiligung fordert.

Der Vollständigkeit halber soll an dieser Stelle erwähnt werden, dass Lesungen mit mindesten 250 Euro honoriert werden sollten (siehe www.vs.verdi.de).

Honorarfreie Aktualisierung

Eine honorarfreie Aktualisierung bei Sach-, Fach- und wissenschaftlichen Büchern klingt zunächst unfair. Doch das ist es nicht. Bedenken Sie, dass bei einer Überarbeitung eine Neuauflage entsteht, die wiederum ein Honorar bedingt. Die Übertragung dieser Tätigkeit auf einen Dritten ist ebenfalls möglich. In diesem Fall erhalten Sie als ursprünglicher Autor nur den Differenzbetrag.

Haftung

Zwar gibt es zur Regelung von Haftungsansprüchen eine gesetzliche Grundlage, doch sind sie meistens auch Bestandteil eines Verlagsvertrages. Sie beziehen sich mehrheitlich auf das Urheber-, Persönlichkeits- und Wettbewerbsrecht. Tatsache ist, dass bei einer rechtlichen Verletzung, z. B. durch ein Plagiat, sowohl der Autor als auch Verlag haftbar gemacht wird. Bevor Sie sich gerade Szenarien ausdenken, wie Sie dem Verlag die vollständige Schuld zusprechen können, bedenken Sie, dass Sie als Autor für den als Manuskript eingereichten Text verantwortlich sind. Üblicherweise hat sich der Verlag dahingehend auch abgesichert. Nicht selten wird im Vertrag deshalb ein Passus festgehalten, dass der Verlag Kosten aus Haftungsfolgen an den Autor weiterreicht.

Beleg- / Autoren- / Freiexemplare
Auch an dieser Stelle können sehr unterschiedliche Regelungen getroffen werden. Generell empfiehlt sich, den Erhalt von Belegexemplaren aus der Nutzung von Haupt- und Nebenrechten zu vereinbaren.

Inwiefern Sie erhaltene Beleg- / Autoren- / Freiexemplare veräußern dürfen, sollten Sie Ihrem Verlagsvertrag entnehmen können. Wird es Ihnen nicht gestattet, wäre es nicht verwunderlich. Einerseits ist das für Sie selbstverständlich eine phantastische zusätzliche Einnahmequelle und falls Sie das Buchprojekt alleine durchgeführt haben, auch naheliegend. Aber was ist mit dem Fotograf, der bspw. mehrere Bilder beisteuerte oder der Grafiker, der das Titelcover erschuf? Sie erhalten für die genannten Pflicht- und Rezensionsexemplare keinerlei Honorar. Und seien Sie ehrlich, den Job haben doch alle am Buch Beteiligten großartig gemacht, sonst wäre es doch nicht Ihr Buch, auf das Sie jetzt so stolz sind, oder? Denken Sie darüber nach, während Sie einen Blick in den Verlagsvertrag werfen.

Lizenzen
Lizenzen werden weltweit gehandelt. So bedarf es bspw. einer Lizenz, wenn ein anderer Verlag das gleiche Buch in einer anderen Sprache veröffentlichen möchte. Stimmt Ihr Verlag dem Lizenzverkauf zu, erhält dieser einen Anteil aus dem Erlös in der Höhe von etwa 40-60 %. Doch beachten Sie, in

der Regel fehlt Ihnen als Autor das Recht, eine Lizenz für Ihr Buch selbständig zu verkaufen.

Eigentumsrecht

Üblicherweise erhält der Verlag das Eigentumsrecht an der Auflage. Das heißt auch, dass er über nicht verkaufte Exemplare entscheiden kann. Gegebenenfalls wird er sie Ihnen zum Kauf anbieten, unabhängig davon, ob Sie als Autor den Druck finanziert haben.

Verlagswechsel / Vertragskündigung

Zwar sind Sie der Urheber, doch haben Sie sich vertraglich gebunden. Woran, steht in Ihrem mit dem Verlag geschlossenen Vertrag. In der Regel ist der Zeitraum beschränkt auf 5 bis 15 Jahre. Vorzeitige Wechsel sind meistens nur mit einer Abstandszahlung möglich, es sei denn, es gibt schwerwiegende Gründe wie Honorarschulden oder betrügerische Absichten, die im begründeten Ernstfall nachzuweisen sind.

Danach können Sie mit dem Inhalt Ihres Buches zu einem anderen Verlag wechseln. Wir schreiben das bewusst so, denn ob es bei dem gleichen Titel bleibt, hängt davon ab, inwiefern der Verlag nach Ihrem Weggang erneut für 6 Monate einen Titelschutz beantragt hat. Generell urheberrechtlich schützen kann man einen Buchtitel leider nicht. Auch die Gestaltung kann im neuen Verlag anders sein. Einerseits weil dieser seine eigenen Vorstellungen hat, andererseits haben möglicherweise der ehemalige Verlag bzw. mitwirkende Fotografen und Illustratoren das Urheberrecht bspw. am Layout erworben. Das ist bspw. dann der Fall, wenn Sie zwar Ihre Ideen eingebracht haben, doch der Verlag letztlich das Cover entworfen hat. Mitunter wurde das Layout gar an den verlagsüblichen Standard angepasst. Wenn Sie in eine Buchhandlung gehen, haben Sie gewiss auch einen Blick für Bücher, die Sie ohne den Verlagsnamen zu sehen, dennoch zuordnen können. Würden Sie nun das gleiche Layout übernehmen, käme es zu unschönen Verwechslungen, die von keiner Seite gewollt sind. Aber, zur Beruhigung, wenn Sie zwecks Covergestaltung Fotos oder Grafiken dem Verlag übergeben haben, sind diese Rechte selbstverständlich weiterhin bei Ihnen und Sie können diese wiederum verwenden. In einem kooperativen Gespräch können Sie selbstverständlich auch dem neuen Verlag Vorschläge zur Gestaltung unterbreiten und die Empfehlung für den einen Fotografen oder anderen Illustratoren unterbreiten. Inwiefern der Verlag darauf zurückkommt, bleibt allerdings ihm überlassen, genauso wie Sie in Ihrer Entscheidung frei sind, eine Veröffentlichung Ihres Manuskriptes in dem Verlag zu den veränderten Bedingungen abzulehnen.

Verkauf eines Verlages
Mitunter ist die Zeit schnelllebiger als die Erfüllung sämtlicher Vertragsbedingungen. So können Sie eines Tages auch damit konfrontiert werden, dass jener Verlag verkauft wurde, bei dem Ihr Manuskript auf eine Veröffentlichung wartete.

Ist der neue Verlag der vollständige Rechtsnachfolger des verkauften Verlages, haben Sie in der Regel einen Anspruch auf den Druck bzw. die Rückzahlung einer bereits getroffenen Vorfinanzierung. Es wird Sie womöglich stören, dass wir so oft 'in der Regel' bzw. 'üblicherweise' schreiben, doch wir wollen nicht verschweigen, dass es grundsätzlich auch Abweichungen gibt, die nicht unbedingt Zeichen einer zwielichtigen Offerte sind. Klarheit bringt ein Blick in Ihren Verlagsvertrag, in welchem mögliche Vereinbarungen Aufschluss geben.

Sofern es nicht zum Druck kommt und keine entgegenstehenden Rücktrittsklauseln im Vertrag enthalten sind, können Sie mit dem Verlag über eine Ablösesumme, gemessen an der vereinbarten Auflagenhöhe, verhandeln. Seien Sie nicht enttäuscht, wenn Sie spätestens an dieser Stelle einen Rechtsbeistand benötigen. Mitunter gelingt es nur ihm, die nötige Transparenz des Verkaufes aufzudecken, die jedoch von weitreichender Bedeutung hinsichtlich Ihrer Ansprüche ist.

Einen Wehmutstropfen gibt es dennoch. Für gewöhnlich gelten die Rechte und Pflichten des Vertrages nicht für den Rechtsnachfolger. Das bedeutet, dass bereits gedruckte Bücher nicht mehr verkauft werden dürfen und Sie auch keine weitere Honorarzahlung erhalten. Selbstverständlich können Sie auch hier in Nachverhandlungen treten.

Verlagsinsolvenz

Nicht selten wird ein Honorar in zwei Teile aufgegliedert: einen Vorschuss und die zweite Hälfte bei Erscheinen. Eine spannende Frage, was im Falle der Insolvenz mit dem Honorar passiert. Haben Sie bereits einen Vorschuss als Garantiehonorar erhalten, dürfen Sie es behalten, unabhängig davon, ob Ihr Buch jemals erscheint. Fehlt die Klausel des 'Garantiehonorars', muss bei Nichterscheinen der Vorschuss zurückgezahlt werden und in logischer Folge werden Sie auch kein weiteres Honorar erhalten. Bei einem vertraglich zugesicherten Garantiehonorar kann es unter Umständen zu einer Auszahlung kommen; sie richtet sich nach dem Richterspruch sowie der Insolvenzmasse.

Anzahl an Veröffentlichungen

Selbstverständlich wirkt eine mitgelieferte Bibliografie generell interessant, unabhängig davon, wo die Werke erschienen sind. Zwar gibt es auch jene, die den Publikationen aus Klein- oder Selbstverlagen keinen sonderlichen Wert beimessen, doch sollten Sie insbesondere sich und der Aussagekraft Ihres Manuskriptes vertrauen.

Druckfinanzierung

Lassen Sie uns noch ein Wort über Druckkostenzuschüsse verlieren. Unternehmen mit Gewinnerzielungsabsicht können Arbeitsleistungen nicht unangemessen hoch honorieren. Das erklärt sich leicht. Rechnen Sie einmal zusammen, welche Ausgaben ein Verlag hat, der Ihr Buch veröffentlicht: Lektor, Grafiker, Buchhaltung, Druckkosten, Auslieferungskosten, Marketing, Gewerberaumkosten, Lagerkosten, ... Nicht zu vergessen: Autorenhonorare. Doch selbst Vorab-Umfragen würden keinen verlässlichen Wert ergeben, ob Ihr Buch zu einem Bestseller wird. Selbstverständlich hat der Verlag Erfahrungswerte, auf die er bei seinen Planungen auch zurückgreift. Und doch ist er vor Überraschungen nicht gefeit. Um nicht in einem Fiasko zu enden, wird somit gründlich abgewogen, ob eine Veröffentlichung für den Verlag lohnenswert erscheint. Im Zweifelsfall: keine Veröffentlichung, denn aus markt- und betriebswirtschaftlicher Sicht gilt es jedes Risiko zu vermeiden.

Aus diesem Grund werden wir keineswegs einen Verlag anprangern, der darauf angewiesen ist, für eine Buchveröffentlichung eine finanzielle Beteiligung des Autors zu fordern oder mögliche wirtschaftliche Verluste abzufedern. Wesentlich ist allerdings, dass die dahinter stehenden Absichten erkennbar und die Kosten sowie Folgekosten klar benannt sind. Beides muss für Sie als Autor eine einschätzbare Grundlage bieten. Die relevanten Angaben sollten Sie dem Vertrag entnehmen können.

Entschließen Sie sich für eine eigenfinanzierte Veröffentlichung im POD-Verfahren, trauen Sie sich, Vergleiche anzustellen. Wägen Sie das Leistungsangebot (z. B. Lektorat, Gestaltung, Marketing), Mindestabsatzzahlen, gewährte Honorare ebenso ab wie eventuell automatische Listungen in den Verzeichnissen des Großhändlers. Letztlich müssen Sie es sich leisten können. Ist dem so, können Sie sich über jedes verkaufte Buch freuen ohne bemüht zu sein, kontinuierlich nachzurechnen, wie groß noch immer die Differenz zwischen dem erhaltenen Honorar und Ihren Ausgaben ist.

Selbst- / Klein- / Dienstleisterverlage

Was erwarten Sie an dieser Stelle? Ein 'dafür' oder ein 'dagegen'? Sie werden von uns keine Positionierung, sondern eine Erklärung erhalten. Bitte, noch keinen Aufschrei. Wir kennen die Argumente, dass es sich dabei um veröffentlichte Manuskripte handeln würde, die kein anderer Verlag wollte. Es ist immer wieder interessant zu erfahren, welches Recht zum Urteilen sich so mancher herausnimmt, der weder das Manuskript las, noch Beweggründe für diese Art der Veröffentlichung in Erfahrung brachte. Um es mal klarzustellen: Bei gründlicher Betrachtung finden sich in der Bestsellerliste ebenso Bücher aus klassischen wie aus bspw. Dienstleisterverlagen. Es wird zuweilen weniger Werbung betrieben, weil die Budgets anders verteilt oder bei Selbstverlagen mitunter gar nicht vorhanden sind. Darüber hinaus verraten jedoch Rankings in Onlinebuchshops, dass es durchaus Kunden gab, die jene Bücher für interessant genug hielten, um diese zu kaufen.

Doch warum haben einige Leute eine negative Meinung?
Nun, einen Dienstleisterverlag kann man eben nicht mit einem klassischen Verlag vergleichen.

Denken wir noch mal an einen klassischen Verlag. Sie reichen Ihr Manuskript ein, erfahren möglicherweise einige Ablehnungen, die vielleicht aus formalen Gründen wie Programmschwerpunkt bzw. der Budgetierung resultieren oder aber getroffen wurden, da die Qualität des Exposés keine hoffnungsvolle Basis versprach. Im Erfolgsfall werden Ihrem Manuskript Lektoratsleistungen zuteil, welche diesem den letzten Schliff verleihen, bis hin zu einer Marketingabteilung, die sich Gedanken macht, welche Aktivitäten passen, um das Buch seiner Zielgruppe zur Verfügung zu stellen. In der Regel können Sie sich darauf verlassen, dass Sie ein Buch in den Händen halten werden, welches in der Qualität stimmig ist und einen Verlag an Ihrer Seite wissen, der selbst am Umsatz interessiert ist und Sie somit als Autor nicht links liegen lässt.

Ein Dienstleisterverlag funktioniert üblicherweise anders. Sie haben in ihm einen Partner, der sich darum kümmert, dass aus Ihren losen Manuskriptseiten ein gebundenes Buch wird; er kümmert sich also in erster Linie um den Druck und die Buchbindung. Das kann für manchen bereits genügen, der bspw. anlässlich eines speziellen Ereignisses für eine vordefinierte Zielgruppe ein Buch herausgeben möchte. Dafür wird sich im seltensten Fall ein klassischer Verlag finden.

Allerdings reicht das Angebot eines Dienstleisterverlages auch darüber hinaus. In der Regel können Sie Leistungen wie Lektorat, Layout und Marketing hinzu buchen. Welche Leistungen Sie als Autor einkaufen, bleibt oft Ihnen überlassen. So entstand eben auch so manches Buch, welches unlektoriert vor Fehlern strotzt, dessen Inhalt zudem zweifelhaft ist. Wie gut, wenn in diesem Fall nicht allzu viele von der Selbstüberschätzung des Autors erfuhren. Es kann aber auch sein, dass Sie als Literaturwissenschaftler mit Faible für Grafikdesign durchaus auf diverse Leistungen verzichten können.

Fazit: Autoren eines Dienstleisterverlages wird viel mehr Selbständigkeit abverlangt, wodurch so mancher ins Schleudern kommen könnte.

Demnach trifft den Autor grundsätzlich die Schuld an einer mangelhaften Manuskriptbearbeitung, oder? Nicht wirklich. Kommen wir noch einmal zu den 'schwarzen Schafen'. Da gibt es Dienstleisterverlage, die das Ziel verfolgen, den Buchmarkt auch mit wertvollen Nischenprodukten zu ergänzen. Sie bieten die Möglichkeit, auch Kleinauflagen bereitzustellen. Insbesondere im fachwissenschaftlichen Bereich ist das kein unwesentlicher Faktor. Leider haben aber manche Dienstleisterverlage nur ihre Chance im schnellen Geldverdienen erkannt. Schließlich gibt es Autoren, die etwas verlegen wollen und bereits einige Absagen von einem klassischen Verlag erhielten, immer wieder. Prüfen Sie deshalb das Leistungsportfolio genau, inwiefern es Ihren Bedürfnissen entspricht und lassen Sie sich weniger von dem Wunsch leiten, Ihr Werk endlich einmal gedruckt zu sehen. Ein seriöser Dienstleister wird Ihnen jederzeit Ihre Fragen beantworten und deutlich machen, welche Leistungen sein Angebot umfasst. Haben Sie auch einen Blick dafür, ob der Dienstleisterverlag einem Großhändler angeschlossen ist und somit Onlinebuchhandlungen beliefert werden. Entscheiden Sie selbst, inwiefern die Vertriebswege des (Online-)Buchhandels für Ihre Zielgruppe wichtig sind. Auf dieser Basis gelingt Ihnen eine realistische Einschätzung für Ihr Vorhaben, verbunden mit eindeutig bezifferten Ausgaben. Bedenken Sie auch nochmals Ihre vorhandenen Ressourcen. Es wäre schade und gegebenenfalls gar verlustreich, Ihre Buchveröffentlichung auf halben Weg abbrechen zu müssen.

Insbesondere in wirtschaftlich schwierigeren Zeiten sind die Gürtel auch in einem etablierten Verlag enger geschnallt. Das heißt wesentlich weniger Titel können insgesamt produziert werden bzw. bedürfen noch kritischerer Abwägungen. Nicht selten fällt die Auswahl zu Ungunsten eines Neulings aus, was keinesfalls an einem Schwachpunkt innerhalb seines Manuskriptes liegt, vielmehr greift man lieber auf Bewährtes, wie auf die Fortsetzung bereits begonnener Serien zurück, um weniger Risiken ausgesetzt zu sein.

Selbst- / Klein- und Dienstleisterverlage haben nicht nur die erkannten Nachteile, sondern auch entscheidende Vorteile. Sie sind so konzipiert, dass sie in einer Finanzkrise dennoch erschwinglich produzieren können, insbesondere Nischentitel, die in einem Großverlag beinahe undenkbar wären.

Auch ein Verlag ist ein marktwirtschaftlich denkendes Unternehmen und lebt nicht von einer bunten Vielfalt, vielmehr von verkauften Büchern. Das gelingt ihm mittels Kalkulation, in die erwartete Absatzzahlen genauso wie notwendige Werbekosten einfließen. Doch wenn Sie davon ausgehen, dass ein Buch mit geringem Seitenaufwand und kleiner Auflage den gleichen Werbeetat verschlingt wie ein umfangreicheres Buch in höherer Auflage, wissen Sie einerseits, warum sich ein Großverlag nur selten leistet, derartige Nischentitel aufzunehmen, und Sie finden wiederum ein Argument für die

Existenz eines Selbst- / Klein- und Dienstleisterverlages. Ganz klar: Manche Literatur würde es sonst nicht geben. Auch diese Verlage haben also ihre Daseinsberechtigung und können das Buchangebot äußerst gut ergänzen.

Vertrieb(swege)

Sie haben ein gutes Buch geschrieben. Doch für den Erfolg ist auch entscheidend, dass sich Ihr Buch und sein künftiger Leser begegnen. Sehen Sie sich deshalb nach geeigneten Vertriebswegen um, die Ihr Buch auf möglichst vielen unterschiedlichen Wegen zugänglich machen.

Buchhandel	
wo:	stationärer und Online-Buchshop
was:	Bücher, die mit einer ISBN gekennzeichnet sind
wie:	gezielte Ansprache, zum Beispiel – Werbung – Gemeinschaftsanzeige mit anderen Autoren in den Fachzeitschriften des Buchhandels veröffentlichen (=> Werbekosten teilen) – bei BOD-Publikationen: Marketingpakete in Anspruch nehmen (=> Kosten / Nutzen bewerten) – Direkt Mailings: Buchhandlungen anschreiben

Bildungseinrichtungen	
wo:	Schulen, Universitäten, …
was:	Lehr- und Lernmaterialien
wie:	als Referent bei Vorträgen, Workshops

Fachmessen, Kongresse	
wo:	Kongresse / Tagungen, (Firmen)Schulungen, Veranstaltungen, Handelsmessen, Buchfestivals, Industrie-Events, …
was:	Sach- / Fachbücher
wie:	als Aussteller und Referent

Fach- und Einzelhandel	
wo:	Geschenkläden, Computershops, Spielzeugläden, …
was:	Bücher, die sich als Geschenk bzw. Ratgeber eignen, zum Beispiel mit dem Thema – Ernährung (Wo? Naturkostläden, Bioläden, Reformhäuser, Apotheken) – Sport (Wo? Sportfachgeschäfte, Anglerbedarf) – Foto (Wo? Fotofachgeschäfte, Elektronikfachmärkte) – Garten / Natur (Wo? Jagd-, Angelbedarf, Gartencenter, Baumärkte, Märkte für Tiernahrung) – Heimwerker (Wo? Baumärkte, Modellbaugeschäfte) – Wein (Wo? Wein-, Getränkehandlungen) – Erotik (Wo? Sex- / Dessous-Shops)
wie:	gezielte Ansprache, zum Beispiel – Direkt Mailings: Fach- und Einzelhändler anschreiben

Medizinische Einrichtungen	
wo:	Arztpraxen, Beratungsstellen, Krankenkassen, …
was:	insbesondere Ratgeber mit gesundheitsrelevanten Inhalten für Patienten
wie:	gezielte Ansprache, zum Beispiel – Direkt-Kontakt

Unternehmen	
wo:	insbesondere Unternehmen mit Verkaufsgeschäft, z. B. Versicherungen und Bankdienstleister
was:	z. B. Buch über erfolgreichen Verkauf auf Vertriebsmeeting durch den Bereichsleiter verteilen lassen
wie:	gezielte Ansprache, zum Beispiel – Direkt Mailings: Unternehmen anschreiben

Darüber hinaus gibt es auch ganz besondere Vertriebswege, so zum Beispiel in Berlin die Umsetzung der Idee von Büchern aus dem Automaten. Doch es finden sich auch immer wieder abgewandelte Überlegungen zum Bauchladenprinzip, das heißt der Verkauf von Büchern aus einem Bauchladen-Shop. Beachten Sie jedoch bei Ihrem Tun stets die Gesetzeslage. Berücksichtigen Sie, dass Sie mitunter auch eine Genehmigung vom Ordnungsamt benötigen.

Aber es gibt auch weitere Vertriebswege, die Sie mindestens in Erwägung ziehen sollten.

Sonstiges	
wo:	Restaurants / Kneipen, Fahrschulen, Museen, Reisebüros, Vereine, Kaufhäuser, Buchklubs, Versandkataloge, Hersteller, …
was:	spezifische Literatur, zum Beispiel – Reiseliteratur: Reisebüros, Tourismuszentren – Verkauf von Kombiprodukten (Buch mit Produkt) – eBook, audioBook – Special Verkäufe – Verkauf über Direct Response Werbung
wie:	gezielte Ansprache, zum Beispiel – an (Buch)Versandhandelskatalog ein Gratisexemplar mit Anschreiben verschicken, aus dem hervorgeht, warum das Buch im Katalog aufgenommen werden sollte.

Unverhofft kommt oft. Deshalb planen Sie Ihre Gespräche. Überlegen Sie, was sich für ein Telefonat eignet und was einer schriftlichen Form bedarf. Stellen Sie sich auch auf mögliche Gegenargumente ein und tragen Sie zusammen, was zur Entkräftung helfen kann.

Selbstverständlich ist es Ihnen gestattet, aktiv auf alle Vertriebswege gleichzeitig zuzugehen. Beachten Sie jedoch die Regelungen in Ihrem Verlagsvertrag, inwiefern es Ihnen gestattet ist, Ihr Buch auch selbst zu verkaufen. Dazu haben sie z. B. auf diversen Online-Marktplätzen die Gelegenheit. Berücksichtigen Sie bei Ihren Aktivitäten, nicht vorschnell hohe

Rabatte einzuräumen. Nutzen Sie vielmehr die Möglichkeit, auf die Bedingungen des anderen zu warten, die Ihnen gestellt werden. Und überlegen Sie genau, wann eine kostenlose Verteilung Ihres Buches verkaufsfördernd sein kann.

Promotion für Ihr Buch

Vor Ihnen liegt Ihr fertiges Buch. Sie haben einen Preis kalkuliert. Aber anstatt in fremden Regalen, stapeln sich Ihre mühevoll geschriebenen Bücher unter Ihrem eigenen Tisch, im Keller und auf dem Speicher. Zum Wegwerfen selbstverständlich zu schade, doch... Man sagt, dass es für jedes Produkt einen Käufer gibt. Wo aber ist dieser? Es müssen also Wege erschlossen werden, dass Ihr Buch und der potentielle Leser aufeinander treffen. Somit ist das zu verfolgende Ziel, das Buch rechtzeitig zu einem akzeptablen Preis an einem für Ihre Zielgruppe erreichbaren Platz verfügbar zu halten. Mit Ihrer Zielgruppe haben Sie sich bereits auseinandergesetzt. Sie wissen, welcher Leser Ihr Buch so interessant und nützlich finden wird, dass er es mit großer Wahrscheinlichkeit kauft.

Promotion für ein Buch zu machen, kostet Zeit und Geld. Nun kann es sein, dass Sie von beidem zu viel haben, doch in aller Regel dürfte sich auch eine andere Verwendung dafür finden als unbedingt an Ihrem Leserkreis vorbei agieren zu müssen. Richten Sie also Ihre Werbung grundsätzlich an der definierten Zielgruppe aus.

Machen Sie sich eine Skizze.

Werbebotschaft		
Welche Botschaft ?	An wen ?	Auf welchem Weg ?

Es ist davon auszugehen, dass Sie mit der Werbebotschaft Ihre Zielgruppe erreichen möchten. Haben Sie bereits analysiert, wo Sie diese antreffen? Dort sollten Sie unbedingt gezielte Werbemaßnahmen ergreifen. Es ist also nicht nur entscheidend die Werbebotschaft an der Zielgruppe auszurichten, sondern auch das geeignete Medium zu wählen. So werden Sie zwar für Ihr neues Buch 'Umgang mit Alkoholismus' einen potentiellen Leserkreis in einem Lokal antreffen, doch wäre eine dort platzierte Werbeaktion nicht ganz passend.

Schreiben Sie alle Ideen auf, bevor sie Ihnen wieder entfallen. Sortieren können Sie diese auch später. Beziehen Sie in Ihre Planungen auch das aktuelle Tagesgeschehen, politische Ereignisse, Kino-Filmstarts oder auch regional bzw. national angekündigte Festwochen ein. Dagegen setzen Sie einen Kostenplan, in dem Sie alle nur denkbaren Eventualitäten einkalkulieren.

Ort der Werbung	– Möglichkeiten der Platzierung
Art der Werbung	– Werbemittel mit hoher Aufmerksamkeitsrate
	– eigenes Können (vorhandene Zeit und Fähigkeit)
	– benötigte Unterstützung (Organisation, Fotografie, Grafik, …)
Mittel	– eventuelle Beschränkungen in Zeit und Finanzen

Marketingaktivitäten sind gut durchdacht und langfristig anzulegen. Auch das sollten Sie sowohl zeitlich als auch finanziell berücksichtigen. Letztlich wird sie nur dann wirksam sein, wenn Sie an dem Ort und in der Form werben, wo sich Ihre Zielgruppe aufhält und neugierig wird. Kreativität ist selbstverständlich willkommen. Erproben Sie mutig auch neue Wege. Planen Sie neben gezielter Werbung auch spektakuläre Aktionen ein. Diese sind kostenintensiv? Bevor Sie den Vorschlag ablehnen, machen Sie sich die Mühe einer Kostenrechnung. Sie werden feststellen, dass manche Aktivitäten unerwartet wesentlich mehr oder weniger Ausgaben verursachen. Und ein spektakuläres Event muss sich nicht im Preis niederschlagen.

Gehen Sie mit einem geschärften Blick durch das Leben, werden Ihnen viele Werbemöglichkeiten auffallen. Prüfen Sie kostenlose wie auch kostenpflichtige Angebote gründlich, bspw. dahingehend, ob die Werbung auf diesem Weg Ihre Zielgruppe erreicht, ob sie passend zu Ihrem Buch ist und nicht zu vergessen: Welche Verpflichtungen Sie mit der Annahme des Angebotes eingehen.

Konzentrieren Sie sich bei Ihren Planungen konsequent auf Ihre Zielgruppe. Nur wenn Sie sich diese erst erschließen möchten, sollten Sie eine unspezifische Werbekampagne in Erwägung ziehen.

Denken Sie bei Ihren schriftlichen Werbeaktivitäten daran, dass es für den Erhalt einer Einverständniserklärung des Empfängers bedarf. Auf den Seiten des Deutschen Dialogmarketingverbandes e. V. (www.ddv.de), der größte nationale Zusammenschluss von Dialogmarketing-Unternehmen in Europa und einer der Spitzenverbände der Kommunikationswirtschaft in Deutschland, können Sie sich u. a. über die Robinson-Liste informieren. Hierbei handelt es sich um eine Liste, in die sich Verbraucher eintragen und gezielt gegen Werbung aus bestimmten Branchen entscheiden können. Es stimmt, es gibt Unternehmen, die sich daran nicht halten. Doch möchten Sie Leser bzw. Absatzchancen gewinnen oder den Unmut der Leute heraufbeschwören?

Es gibt dennoch zahlreiche Möglichkeiten Werbeaktivitäten durchzuführen, Sie werden sehen. Bleiben Sie bemüht, die Verfügbarkeit Ihres Buches an wichtigen Plätzen zu gewährleisten. Lassen Sie sich nicht entmutigen, wenn Sie von einem auserkorenen Vertriebspartner eine Ablehnung erhalten. Schließlich haben Sie einem Trumpf in der Hand: Ihr Buch gibt es nur von Ihnen. Und es führt kein Weg zu diesem Buch an Ihnen vorbei! Seien Sie sich dessen bewusst, insbesondere dann, wenn etwas nicht nach Ihren Wünschen verlief.

Sie haben Recht, wer bereits einen Namen hat, für dessen Buch scheint der Weg in das Regal geebneter zu sein. Es ist auch nicht von der Hand zu weisen, mit dem Bekanntheitsgrad entstehen zusätzliche Verkaufsargumente. Doch das gilt auch für Sie. Arbeiten Sie also an Ihrer Publicity und haben Sie im Blick, was Ihnen der Rahmen des Verlagsvertrages gestattet und was nicht. Ihre Aktivitäten sollten stets ergänzen und nicht die Marketingstrategien des Verlages durchkreuzen.

Wenn Sie sich unsicher sind, nehmen Sie lieber Rücksprache, denn 'gut gemeint' ist immer so eine Auslegungssache...

Noch eine Bitte: Achten Sie bei Ihren Werbeaktivitäten strengstens auf legale Mittel. Handelt es sich tatsächlich um lizenzfreie Bilder? Kann wirklich niemand sagen, dass es sich bei Ihrem Flyer um ein Plagiat handelt? Werden keine Persönlichkeitsrechte verletzt? Dann viel Spaß und Erfolg!

- Publicity und PR

Für Publicity und Public Relation (PR) gibt es verschiedene Definitionen. Die Übergänge sind fließend. Gehen wir im Folgenden davon aus, dass Publicity all das ist, was von Ihnen unbeeinflusst in den Medien geschieht, z. B. Berichterstattungen. Entsprechend werden wir mit PR Ihre eigene Präsentation in der Öffentlichkeit bezeichnen.

Wie wir bereits feststellten, ist der Bekanntheitsgrad ein nicht unwichtiges Verkaufsargument. Das bedeutet auch, dass eine hohe Publicity für den (Ab)Verkauf vielversprechend ist. Auch wenn Sie als Autor sicherlich Interesse an einer guten Publicity haben, ist das zunächst uninteressant. Würden sonst bspw. Bücher von Bankräubern (die ihre Erlebnisse zum Inhalt haben und nicht die Anleitung zum perfekten Coup) jemals verkauft? Selbstverständlich geben wir Ihnen Recht, die negative Publicity sollte sich nicht darin erschöpfen, dass Ihr Buch als nicht empfehlenswert dargestellt wird. Schließlich ist für viele Leser eine Buchrezension kaufentscheidend.

Es ist insofern nicht verwunderlich, dass finanzkräftige Verlage für Publicity viel Geld ausgeben. Sie haben bzw. engagieren gute Publizisten, organisieren Autogramm-stunden, Lesereisen, Medieninterviews, Rezensionen und vieles mehr. Damit sich also Ihr geschriebenes Buch verkauft, benötigen Sie lediglich jemanden mit Professionalität und schon können Sie mit Abverkauf und Gewinn rechnen? Nicht so ganz. Die Tätigkeit eines guten Publizisten ist hoch bezahlt. Doch auch wenn Sie bereit wären, jeden Preis für sein Engagement zu bezahlen, gute Publizisten haben so viele Aufträge, dass sie äußerst selten für unbekannte, unabhängige Autoren tätig werden (müssen). Die Zusammenarbeit mit weniger bekannten Publizisten ist natürlich preiswerter und dennoch kostet sie in der Regel mehr als Sie durch Honorar und Verkauf erhalten werden. Es liegt also an Ihnen, die notwendige Professionalität selbst aufzubauen. Zunächst sollte Ihr Ziel hinsichtlich Publicity und PR sein, eine Glaubwürdigkeit beim Leser zu erreichen. Versetzen Sie sich in folgende Situation: Sie stehen in einem Buchladen, vor Ihnen mehrere Meter an Büchern zum Thema 'Tipps für Reisen nach Dänemark'. Alle Bücher sind etwa in ähnlicher Ausstattung und im gleichen Preissegment. Sie werden sich mehrere Bücher anschauen und sich letztlich für ein, vielleicht zwei entscheiden. Warum waren es ausgerechnet die beiden? Doch nicht nur, weil sie am Anfang des Regals standen. Möglicherweise ist der eine Autor Däne und Sie erwarten, dass dieser mehr Insider-Tipps verraten kann. Eventuell haben Sie auch von dem einen oder anderen Autor bereits einen Artikel in der Wochenendbeilage Ihrer Tageszeitung gelesen. Gelingt es Ihnen, dem Beispiel folgend, sich beim Leser als 'Dänemark- bzw. Skandinavien-Experte' auszuweisen, ist es nicht unwahrscheinlich, dass der Leser Ihr Buch in die engere Wahl einbezieht.

Haben Sie sich von dem Gedanken verabschiedet, einen Publizisten zu engagieren, wäre die Inanspruchnahme eines Verlagsservices eine weitere Möglichkeit, professionelle Begleitung einzuholen. Doch prüfen Sie und hinterfragen Sie die

Angebote kritisch. Sonst kann Ihnen passieren, dass Sie hervorragende Leistungen zwar eingekauft haben, die jedoch für Sie und Ihr Buch in Ihrer gegenwärtigen Situation nicht passend sind. Denn im Zweifel werden Sie durch die verursachten Kosten geringere Einnahmen als Ausgaben haben. Zwar wird Ihre Publicity unter Umständen gestiegen sein, was sich verkaufsfördernd insbesondere auf Ihr nächstes Buch auswirken könnte, doch denken Sie in diesem Moment tatsächlich über das nächste Buch nach, wo - nur unter uns gesagt - die letzten freien Ecken Ihrer Wohnung bereits mit den noch nicht verkauften Exemplaren Ihres ersten Buches gefüllt sind und Sie schon missmutig auf Ihren Kontoauszug schauen, weil dort noch immer eine große Lücke zwischen Soll und Haben klafft? Auch die Rückzahlung des für die Veröffentlichung bei der Familie geliehenen Geldes steht noch aus. Schreiberlinge gehörten selten zur reichen Zunft, aber... Bevor Sie depressiv werden, sagen Sie sich zunächst: Das Buchschreiben hat Spaß gemacht und andere geben ihr Geld für zahlreiche Restaurantbesuche aus oder gehören irgendwelchen Trachten- oder Schützenvereinen an. Haben Sie eigentlich eine Vorstellung wie viele Kosten auf einen gewählten Karnevalsprinzen zukommen? Recherchieren Sie mal und vielleicht kommen Sie zu dem Schluss, dass Sie mit den zu tragenden Ausgaben für Ihr Buch noch ganz gut bedient sind.

Fazit - Sofern Sie sich gegen die Kosten entscheiden müssen, stellen Sie sich die Frage, was Sie selbst (bzw. mit 'ehrenamtlicher Unterstützung') tun können. Es wäre gewiss übertrieben, gingen Ihre kreativen Gedanken soweit, dass Sie einen spektakulären Spot, möglicherweise noch unter Einsatz Ihres Lebens, selbst drehen und dafür eine TV-Hauptsendezeit einkaufen. Allerdings werden Sie mit einer kostenlosen Kleinanzeige im seltensten Fall sensationelle Aufmerksamkeit erzielen.

Was wäre der richtige Weg? Den gibt es nicht und was sich für den einen als erfolgreich erweist, muss für einen anderen nicht die glücklichste Wahl sein. Üblicherweise wird es Ihnen jedoch leichter fallen, zunächst die lokalen Medien (Zeitung, Hörfunk, TV) zu begeistern. Erhielt Ihr Vorgehen die notwendige Anerkennung, sollten Sie mutig mit regionalen und landesweiten Rezensenten Kontakt aufnehmen und auf Ihre ersten Erfolge für Ihr Buch und sich verweisen.

Selbstverständlich können Sie nach dem gleichen Prinzip auch selbst eine Rezension für die Medien verfassen. Ideen dazu finden Sie im Abschnitt "Pressemitteilungen, Berichte und Rezensionen". Bitten Sie in jedem Fall bei Abdruck um ein Belegexemplar, auch wenn das Sie mitunter nicht erreichen wird.

Ganz wesentlich: Bauen Sie sich ein Netzwerk auf, das mit Überlegung funktioniert und nicht mit sporadischen Schnellschüssen. Verschicken Sie beispielsweise Buchankündigungen und Rezensionen an die Medien, private und berufliche Kontakte. Vergessen Sie nicht den kritischen Blick auf die Rücklaufquote.

Entsprechend Ihrer technischen Voraussetzungen und Affinität, ist der Einsatz neuer Medien, wie zum Beispiel Web-TV ebenfalls erwägenswert.

Sicherlich haben Sie jetzt spontan einige Ideen mehr. Doch nochmals die Bitte: Agieren Sie nun nicht darauf los. Es ist nicht nur wichtig, die Aktivitäten zu planen, sondern sie auch langfristig anzulegen. Das erfordert eine ausgereifte Konzeption und einen langen Atem. Sonst blicken Sie möglicherweise zu Beginn noch auf gute Verkaufszahlen, die jedoch sinken werden, da sich Ihr Buch zwischenzeitlich von der Vielzahl anderer nicht mehr abhebt. Ihre Publicity, PR und Promotion-Aktivitäten müssen also eine kontinuierliche Präsenz berücksichtigen, die Ihrem Buch und Ihnen gerecht wird. Alles andere können und wollen Sie sich nicht leisten.

Publicity ist für die Kontaktaufnahme zu einem Verlag nicht unwesentlich. Gelegentlich werden höhere Vorschüsse auf einen Verlagsvertrag gezahlt, wenn Sie die Fähigkeit nachgewiesen haben, Publicity zu generieren. Dafür beobachten Verlagsmitarbeiter die Medienwelt, auch die Konkurrenz, u. a. im Internet sowie im Presseausschnittdienst. Es hängt von Ihrem Geschick ab, dass man Sie dort in einem gewünschten Zusammenhang findet.

- Verschiedene Buchformate

Wenn Sie 'verschiedene Buchformate' lesen, an was denken Sie? An die Entscheidung, ob die Größe des Papiers in Richtung A4 oder A5 tendieren sollte? Das ist eine Möglichkeit. Wir möchten eine andere Unterscheidung vornehmen. Bei einer Veröffentlichung stellen Sie sich vermutlich ein Buch mit attraktivem Einband und gedruckten Seiten vor. Es lohnt sich auch über andere Formate wie eBook oder audioBook nachzudenken.

Bevor Sie sagen: 'Das kommt für mich nicht in Frage.', lesen Sie doch bitte zunächst weiter, mindestens um ein Verständnis für das Vorgehen mancher Ihrer Berufskollegen zu erhalten. Grundsätzlich hat jedes Format seine Daseinsberechtigung. Und keines wird wohl gänzlich die jeweilig anderen verdrängen. Seit Jahren können wir beobachten, dass der stationäre Buchhandel durchaus neben einer Buch-Online-Plattform existiert. Überlegen Sie, inwiefern es für Sie erstrebenswert erscheint, Ihre Bücher in unterschiedlichen Formaten herauszugeben. Können Sie sich vorstellen, eine gedruckte Version zu verkaufen, während Sie das Buch preisgünstiger als PDF-Datei zum Download in das Internet stellen? Undenkbar, dass dann noch das gedruckte Buch die gleiche Nachfrage erfährt? Interessanterweise ließ sich sogar beobachten, dass der zusätzlich zu einer Printausgabe zur Verfügung gestellte kostenlose PDF-Download zu einer Umsatzsteigerung und nicht zu einer Einbuße führte. Letztlich überbietet ein gut gedrucktes, sauber gebundenes Buch, einen selbst ausgedruckten Blätterstapel im Lesekomfort allemal. Es verschenkt sich im Übrigen auch besser.

eBook (eBuch)

Das eBook (elektronisches Buch) sollte in den 90er Jahren das gedruckte Buch vom Markt drängen. Die Schließung zahlreicher Buchhandlungen wurde prophezeit. Was passierte? Zunächst nicht viel. Unternehmen investierten zwar in die Entwicklung von Lesegeräten, in die Umwandlung der Bücher in das eBook-Format sowie in die Einrichtung von e-Commerce-Infrastrukturen, doch die Resonanz blieb aus.

Heute ist das PDF-Format in der Fachliteratur, z. B. bei Software-Benutzerhandbüchern nicht mehr wegzudenken. Überlegen Sie selbst, wie oft Sie aus dem Internet nach Informationen suchen und mal eben eine PDF-Datei downloaden. Sie sind praktisch und die Suche nach relevanten Textstellen ist damit erheblich vereinfacht. Mitunter enthält eine PDF-Datei sogar aktive Hyperlinks und ermöglicht damit Verweise bzw. Referenzstellen direkt aufzurufen.
Und die Entwicklung ging noch weiter, es wurden eigens Reader (eBook-Lesegeräte) hergestellt und mit ihnen entstanden zusätzlich spezielle Formate wie z. B. Epub und Mobipocket, mit denen sich die komfortable Nutzung eines eBooks weiter vergrößern ließ.

Auch eine aktuelle Umfrage vom Börsenverein des Deutschen Buchhandels ergab, dass gedruckte Bücher und eBooks jeweils deutliche Alleinstellungsmerkmale haben, sich hervorragend ergänzen und keine Konkurrenz untereinander bilden (vgl. LVZ, 2010).

Die Konvertierung von einer Text-Datei in eine eBook-Datei ist simpel, und es gibt bereits kostenfreie Programme, die Ihnen die Herstellung einer eBook-Datei ermöglichen.

audioBook/ podioBuch

Das audioBook (Hörbuch) wurde insbesondere in den vergangenen Jahren immer beliebter. Der praktische Nutzen liegt auf der Hand. Es gibt Menschen, die schlecht sehen, andere, die nicht lesen können und viele, die zur Arbeit weit fahren müssen und oft lange im Stau stehen. All diese würden von einem herkömmlich gedruckten Buch Abstand nehmen (müssen). Mit einem audioBook können auch sie sich den Inhalt erschließen.

Im Handel erhalten Sie oft teuer hergestellte Versionen. In diesem Fall werden Schauspieler oder andere professioneller Sprecher mit dem Lesen des Buches und ein Tonstudio mit der Produktion beauftragt. Sie fragen sich zu Recht, ob Sie sich das leisten sollten. Unter dem Kostenaspekt und dem Hintergrundwissen, dass große Händler an einzelnen Autoren selten interessiert sind, tun Sie gut daran, nach Alternativen zu suchen. Eine davon wäre:
Schöpfen Sie aus Ihrem großen Ideenschatz und versuchen Sie sich selbst daran.

Selbstverständlich benötigen Sie für die eigenen Aufnahmen ein wenig Equipment. Sie werden bemerken, es ist überschaubar. Zunächst benötigen Sie ein Mikrofon. Jetzt werden Sie fragen, welches 'gut' ist. Eine Kaufberatung können wir an dieser Stelle nicht leisten. Doch Sie können sich gut mit Testberichten selbst helfen. Beachten Sie bei Ihrer Kaufentscheidung, wofür Sie das Mikrofon benötigen (Sprache, Musik). Nicht jedes Mikrofon ist für beide Zwecke gleichermaßen geeignet. Es muss also das am besten geeignete und nicht das teuerste Multitalent sein. Wir persönlich machten gute Erfahrungen mit Mikrofonen, die eine eingebaute Speicherkarte haben. Mit diesen erzielten wir gute Klangqualitäten und waren von Software unabhängig. Doch auch in diesem Fall empfiehlt es sich, auf ein Programm zur Audiobearbeitung nicht zu verzichten. Je nach Belieben gibt es verschiedene Versionen im Preislevel von umsonst bis kostenintensiv. Ein Computer mit Lautsprecher rundet den Umfang der Ausstattung ab. Mehr benötigt man nicht, um zum Beispiel einfache mp3-Dateien selbst herzustellen.

Auf diese Weise könnten Sie auf Ihrer Autoren-Internetseite einzelne Kapitelepisoden im mp3-Format anbieten, kostenlos gegebenenfalls als Podcast (bspw. als einzelne Folgen über Ihre Internetseite beziehbar). Mit diesen Mitteln können Sie Leser neugierig und begierig machen, Ihr eBook oder das gedruckte Buch käuflich zu erwerben.

- E-Mail und Internet

Im Zeitalter heutiger Medien sollte man im Internet gefunden werden, um interessant zu wirken, zitiert und empfohlen zu werden. Doch so manchen täte es gut, wenn der eine oder andere Kommentar ebenso wie das unsägliche Strandfoto in unvorteilhafter Pose auf Nimmerwiedersehen verschwinden würde. Das machen sie jedoch trotz größter Anstrengung nur selten. Es ist also notwendig, sich um positive Publicity zu bemühen (das hatten wir schon mal), auch im Internet, denn Ihre Zielgruppe wird ebenso im Internet unterwegs sein. Überlegen Sie deshalb im Vorfeld, welche Intention Sie haben.

Autor	Buch	Internetseite
Werbung, um den Bekanntheitsgrad zu steigern	Werbung, um einen höheren Abverkauf zu erreichen	Werbung, um mehr Besucher zu erhalten

Entsprechend Ihres Ziels sollten Sie das Internet mit Informationen versorgen.

Recherchieren Sie zunächst, auf welchen Internetseiten sich Ihre Zielgruppe bevorzugt aufhält. Sofern diese auch thematisch zu Ihrem Buch passen, sind das die Internetseiten, auf denen Sie sich und Ihr Buch in Auszügen vorstellen sollten. Bieten Sie den Betreibern an, eine Beschreibung Ihres Buches, eine kurze Autorenvita sowie einen Link zu Ihrer Autoren-Internetseite aufzunehmen.

Das muss und sollte Sie nichts kosten. Sie können sich revanchieren, indem Sie auf Ihrer Internetseite wiederum eine Verlinkung zu der anderen Seite aufnehmen, das heißt Sie verlinken sich gegenseitig. Es geht aber auch anders. Sie können den Internetnutzer dirigieren. So wie Sie auf Ihrer Internetseite angeben, welcher Link wohin führt, können Sie freilich auch Ihrem Kooperationspartner spezifische Links zu jeweiligen Unterseiten Ihrer Internetseite (Homepage) zur Verfügung stellen. Kurz gesagt: Sie haben die Chance zu beeinflussen, wo der Internetnutzer landet (landing page). Treffen Sie dabei eine sorgfältige Auswahl.

– Link zum Autor – landing page: Vita des Autors
– Link zum Buch – landing page: Details oder Bestellung

Nehmen Sie die Gelegenheit wahr und publizieren Sie Termine (Lesungen, Autogrammstunden, Ausstellungen, Sonderverkäufe). Auch Termine, die in der Vergangenheit liegen, können Interesse wecken. Vergessen Sie nicht bekanntzugeben, wo Ihr Buch gekauft werden kann. Selbstverständlich in jedem Buchhandel? Dann schreiben Sie es auch. Anderenfalls weisen Sie auf Spezifikas hin.

Sofern Sie sich mit den modernen Medien anfreunden können, überlegen Sie, inwiefern Sie einen Webtrailer über Ihr Buch bzw. von sich als Autor erstellen und auf einem Online-Portal veröffentlichen wollen. Sollte sich die dafür benötigte Software nicht bereits auf Ihrem Computer befinden, können

Sie auch im Internet danach recherchieren. Ob sich die Mühe lohnt? Es ist zumindest nicht ausgeschlossen. Denken Sie bspw. an Musiktitel, die im Internet erstmals veröffentlicht wurden und später in den Charts landeten. Sie könnten also einen großen Nutzerkreis erreichen und es liegt an Ihrem Geschick, diesen zu begeistern.

Erweist sich diese Art an Promotion für den Inhalt des Buches als nicht passend, sollten Sie mindestens Communities, Portale und Weblogs nutzen, sich und Ihr Buch bekannt zu machen. Sofern Sie nicht anlässlich dessen bspw. einen Blog eröffnen, sollten Sie dosiert damit umgehen und niemanden mit der 'Werbung in eigener Sache' sprichwörtlich auf die Nerven gehen.

Geben Sie Ihr Wissen weiter, zum Beispiel als Mitglied oder Experte in Online-Foren. Hinterlassen Sie dort Ihre Vita mit einem Verweis auf Ihr Buch und Ihre Internetseite. Auch Netzwerke sollten Sie prüfen, ob diese für Ihre eigene Publicity dienlich sind.

Gehen Sie stets davon aus: Menschen, die Sie mit Ihrem Wesen und Wissen begeistern konnten, werden unter Umständen auch auf Ihr Buch aufmerksam.

eMail

Manche Menschen beweisen durchaus sehr viel Einfallsreichtum beim Ausdenken Ihrer eMail-Adresse. Es ist auch zuweilen amüsant, wenn das 'Monsterli' auf den 'Radierschnupsel' trifft. Doch mal ehrlich, als was möchten Sie bekannt werden, als der Krimiautor, der sich auf dem Weg in die Bestsellerliste befindet oder als 'Radierschnupsel'? Sie werden uns Recht geben, beides passt nicht ganz zusammen. Verwenden Sie daher eine richtige eMail-Adresse: Vor- und Nachname bzw. Pseudonym oder Buchtitel. Das ist Usus im Geschäftsleben.

Weichen Sie auch nicht auf 'info@...' aus. In vielen Programmen wird eine eMail der Absenderadresse 'info@...' unter SPAM einsortiert und dem Empfänger unter Umständen nicht zugestellt.

Eine eMail, erstellt mit HTML, kann auffällig, interessant und farbenfroh wirken. Dennoch empfehlen wir Ihnen, behutsam mit der Verwendung von HTML umzugehen und nicht nur aus gestalterischen Gründen. In manipulierten HTML-eMails verbergen sich mitunter Schadprogramme und Viren. Aus diesem Grund lehnen manche Empfänger den Erhalt dieser Art eMails von vornherein ab. Nutzen Sie also bevorzugt reine Text-eMails, schließlich möchten Sie doch, dass Ihre Nachricht den Empfänger erreicht. Zeitgleich ist es eine ideale Übung, mit Worten und nicht mit Farbe oder Schriftart eine Botschaft zu übermitteln. In einer Welt, in der wir stetig mit bunter Werbung leben, eine nicht zu unterschätzende Herausforderung.

Manche eMails sollen mehrere Empfänger erreichen. Verschicken Sie dennoch keine Rundschreiben, zumindest keine, durch die jedem Empfänger gleichzeitig die eMail-Adressen anderer Empfänger bekannt werden. Nutzen Sie stattdessen die Möglichkeit des bcc (blind carbon copy), womit die verwendeten eMail-Adressen verborgen bleiben. Angenehm ist es dennoch nicht, als Empfänger nur einer von vielen zu sein. Was bei einem Newsletter aus der Sache heraus geduldet wird, kann bei einem Anschreiben an potentielle Buchhandlungen durchaus einen faden Beigeschmack hinterlassen. Dosieren Sie also Ihr Vorgehen, umso mehr gelingt Ihnen, einen entstandenen Kontakt zu pflegen.

Der Inhalt sollte nicht nur aus einer reinen Faktenaufzählung bestehen. Ein Buchhändler kann bspw. jederzeit in das 'Verzeichnis Lieferbarer Bücher' (VLB) sehen. Das hat er sicherlich auch schon getan und Ihr Buch nicht für seinen Einkauf ausgewählt. Wecken Sie also die Neugierde mit anderen Mitteln, denn die reinen Buchdaten konnten offensichtlich keine Aufmerksamkeit erreichen. Zweifellos, die bibliografischen Angaben zu Ihrem Buch (Titel, Umfang, ISBN, Preis) sollten deutlich ersichtlich sein. Darüber hinaus ist die Wirkung von Terminhinweisen nicht zu unterschätzen. In aller Regel ist der Buchhändler ein Literaturliebhaber. So ist es nicht ausgeschlossen, dass er auch Lesungen besucht. Warum dann eigentlich nicht Ihre? Selbstverständlich sind auch Zitate aus Leserstimmen und Pressemitteilungen interessant, insbesondere, wenn Sie sogar auf einen Artikel über Sie und Ihr Buch verlinken können. Beachten Sie dabei jedoch die gesetzlichen Bestimmungen. Holen Sie sich lieber einmal zu viel eine Veröffentlichungserlaubnis als eines Tages das Nachsehen zu haben.
Obgleich Sie soeben feststellten, dass Sie tatsächlich eine ganze Menge zu sagen haben: Bitte fassen Sie sich kurz. Auch Sie

werden eine kürzere eMail wesentlich genauer lesen und eine längere eher überfliegen. Ja aber ...? Nutzen Sie doch die Möglichkeit, weitergehende Informationen auf Ihrer Internetseite zur Verfügung zu stellen, auf die Sie dann innerhalb der eMail verlinken. Aber Links mag doch keiner, weil sich dahinter schädlicher Programmcode befinden könnte? Einerseits sollten Sie genau aus diesem Grund - wie erwähnt - auf HTML-eMails verzichten, andererseits ein Grund mehr, sich für kurze Internetadressen zu entscheiden, die der Empfänger bei Bedarf mühelos in seine Browserzeile abschreiben kann.

Fügen Sie - wie bei Geschäftsmails üblich - in jeder eMail eine Signatur ein, das heißt Vor- und Nachname, Firmierung, Postanschrift, Telefon, Fax und nicht zu vergessen: einen Link auf die eigene Internetseite, auf der Sie sich bzw. Ihr Buch präsentieren.

Spam

Niemand mag sie und jeder bekommt sie: SPAM. Der Gesetzgeber hat dazu ganz klar Position bezogen: Es ist verboten, eMails an Empfänger zu senden, die nicht darum gebeten haben. Warum dennoch so viele auf das Mittel zurückgreifen? Weil es offensichtlich doch noch erfolgsversprechend ist. Und trotzdem sollten Sie diesen nicht nacheifern. Nicht nur, dass Sie sich nicht gesetzeskonform verhalten, Sie würden viel Unmut ernten. Denn so wie Sie verärgert sind, wenn sich Ihr eMail-Account mit Werbemails gefüllt hat, sind es auch andere. Platzieren Sie lieber auf Ihrer Internetseite einen Hinweis, dass sich der Leser in einen eMail-Verteiler / Newsletter

eintragen kann. Vergessen Sie in diesem Fall nicht demjenigen einen Bestätigungs-Link zu senden. Erst wenn damit das
tatsächliche Interesse bekundet wurde, darf die eMail-Adresse
für den eMail-Verteiler / den Newsletter genutzt werden.
Damit wird verhindert, dass bekannte eMail-Adressen aus
'Spaß' angegeben werden, deren Inhaber sich über eine ungeahnte Mail-Flut nicht mehr erwehren können. Das sollte Sie
nicht weiter stören? Doch, denn derjenige wird sich zunächst
nicht gerade sanft bei Ihnen melden und Sie bezichtigen,
unaufgefordert Werbung zu verschicken. Sie haben sich doch
auch schon über unerwünschte Werbung geärgert, gegebenenfalls sind Sie gar der Typ, der bei dem betreffenden Unternehmen mal ordentlich 'Dampf abgelassen' hat, ohne auch
nur einen Gedanken daran zu verschwenden, dass Sie möglicherweise einen Gönner haben, der in Ihrem Namen sein
Interesse an 'weiteren Informationen' bekundet hat.

Bringen Sie auf Ihrer Internetseite zusätzlich einen Hinweis
an, dass die vom Leser übermittelten Daten nur zum Versand
der eMail / des Newsletters genutzt und nicht an Dritte wei-
tergegeben werden. Schließlich möchte Ihr Leser wissen, was
mit seinen Daten geschieht, so wie Sie sicherlich auch. Und
kommen Sie nicht in Versuchung, anders zu verfahren als Sie
es damit versprochen haben. Das sollten Ihnen Ihr Leser und
Sie sich selbst wert sein.

Fazit, der Aufwand lohnt sich und Sie sollten dem Leser auf
gleichem Weg die Austragung aus dem eMail-Verteiler /
Newsletter ermöglichen.

Newsletter

Viele Internetseitenbetreiber bieten die Bestellmöglichkeit eines Newsletters an. Auch für Sie könnte das Medium lohnenswert sein. Doch bedenken Sie, ein Newsletter erhebt für sich den Anspruch Neuigkeiten mitzuteilen, interessant und unterhaltsam zu sein. Es genügt also nicht, eine Bestellmöglichkeit auf Ihrer Internetseite anzubringen. Rechnen Sie damit, dass ein Internetnutzer bei seinem Spaziergang durch die virtuelle Welt genau diesen Newsletter bestellt und damit rechnet, ihn in absehbarer Zeit zu erhalten. Sie tun also gut daran, sich rechtzeitig über mögliche Inhalte Gedanken zu machen. Das können sein:

- Informationen über neue Projekte und Ideen
- Presseberichte, Lesungen sowie Termine zu Preisverleihungen und sonstigen Veranstaltungen
- Vorstellung von Autoren und Büchern, inklusive Bestell-Link
- Aufforderung zu Feedback und interessanten Leseraktivitäten (gegebenenfalls inklusive Gewinnspiel / Verlosung von Büchern)

Vergessen Sie auch hier nicht den Link zu Ihrer Autoren-Internetseite mit weiteren Details einzubringen. Somit wird nicht nur der Traffic Ihrer Internetseite erhöht, den Lesern können auf diese Weise auch mehr Informationen angeboten werden als der Newsletter es vermag. Dabei empfiehlt es sich, Deeplinks zu verwenden, das heißt eine direkte Verlinkung zur Fundstelle und nicht zur allgemeinen Startseite der Internetseite an sich.

Nun haben Sie für einen interessanten Inhalt Ihres Newsletter gesorgt. Umso schöner, wenn die Gestaltung zusätzlich darauf hinwirkt, dass die Inhalte auch würde- und wirkungsvoll erscheinen und ihnen somit gebührend Beachtung geschenkt wird.

Ein informativer Newsletter sollte in seinem Ausmaß angemessen sein und mindestens 5 Nachrichten enthalten. Angemessen heißt in dem Fall, dass ein Newsletter mit sehr vielen Themen möglicherweise dazu führt, relevante Informationen zu überlesen. Stattdessen wirkt nur eine Schlagzeile nicht immer als unverzichtbar. Unabhängig davon, dass Sie den Newsletter auch in der Themenfülle nicht überfrachten sollten (zudem benötigen Sie auch noch Themen für den nächsten), können Sie sich damit behelfen, dass Sie innerhalb eines Newsletters den Inhalt nur kurz anreißen und ein zusätzlicher Link auf weitergehende Informationen, die auf Ihrer Internetseite hinterlegt sind, führt.

Mit dem Betreff haben Sie die Chance Neugierde zu wecken. Er sollte nicht aus mehr als 10 Zeichen bestehen und treffend sein. Ihr Leser soll sich angesprochen fühlen. Nutzen Sie dazu die Form der persönlichen Ansprache. Aus der Zielgruppe ergibt sich, ob ein 'Sie' oder 'Du' angebracht ist. Sofern Sie unsicher sind, nutzen Sie die Möglichkeit, dass Ihre Leser bspw. auf Ihrer Internetseite darüber abstimmen können. Die dafür benötigten Tools sind zwischenzeitlich bei vielen Homepage-Paketen kostenlos enthalten.

Der Newsletter sollte regelmäßig, möglichst zu festen Terminen verschickt werden. Das erklärt auch, warum Sie die Inhalte sogar langfristig vorbereitet haben sollten.

In welchem Format Sie den Newsletter auf Reisen schicken, bleibt nicht nur Ihnen, sondern auch dem Inhalt überlassen. Übliche Formate sind Text, HTML und PDF. Auf den Versand im PDF-Format wird bspw. gelegentlich ausgewichen, wenn nicht-lateinische Schriftzeichen enthalten sind, die einerseits das verwendete Newsletter-Tool nicht verarbeiten kann oder von vornherein ausschließen möchten, dass es beim Empfänger Probleme in der Darstellung gibt.

Halten Sie die An- / Abmeldung zum Newsletter auf jeden Fall eindeutig und einfach. Auf die Notwendigkeit, einen Bestätigungslink zu verschicken, hatten wir bereits hingewiesen. Auch wenn es interessant scheinen mag, erfragen Sie in diesem Zusammenhang bitte keine weitere Daten, sondern nur die eMail-Adresse, maximal noch Vor- und Nachnamen. Es sei denn, Ihre Buchinhalte und folglich auch der Newsletter sind nur für Erwachsene geeignet. Doch in diesem Fall, so gehen wir davon aus, haben Sie Ihre Internetseite bereits so geschützt, dass Sie für Kinder unzugänglich sind.

Sicherlich haben Sie genug Kreativität, einen ansprechenden Newsletter zu erstellen, der die vorangehenden Ausführungen berücksichtigt. Bedenken Sie allerdings, dass das Internet nicht das einzige Medium sein sollte, durch welches Sie Kontakt mit Ihrer Zielgruppe aufnehmen.

– Eigene Internetseite

Haben Sie bereits einmal nach der Vita oder der Bibliografie eines Autors im Internet gesucht? Das machen auch andere. Wie schön, wenn man Sie dort finden würde. Mit wenigen Mitteln können Sie eine eigene Autoren-Internetseite erstellen. Machen Sie diese zu Ihrer Visitenkarte. Auf diese Weise haben Sie die Gelegenheit, Ihren Lesern zusätzliche Informationen zu bieten und mit Ihnen in den Dialog zu treten.

Technische Voraussetzungen

Sie haben vor, zum ersten Mal eine Internetseite (Homepage) zu gestalten? Jeder hat Ihnen etwas anderes empfohlen? Willkommen in der Realität. Es gibt kein Allheilmittel und was für den einen nützlich erscheint, ist für den anderen undenkbar. Das beginnt bei der Hardware und endet bei der Software. Zunächst benötigen Sie einen Computer (ganz gleich welches Betriebssystem), einen Internetanschluss, 'Web-Speicherplatz' und eine URL-Internetadresse (Domain), z. B. www.IhrName.de.

Für den Einstieg gibt es auch die Alternative, eine Internetseite unter der Domain eines Anbieters einzurichten, z. B. www.IhrName.Anbieter.de. Das ist für Sie oft kostenlos und wird durch (von Ihnen selten beeinflussbare) angezeigte Werbung finanziert.

Mittels kleiner Recherche im Internet werden Sie schnell mehrere Anbieter finden, die Ihnen für eine monatliche Gebühr Speicherplatz und Wunsch-Internetadresse überlassen, oft sogar auch Software für die Gestaltung. Software? Auf

Ihrem Computer wird sich vermutlich bereits ein Programm befinden, mit dem Sie die dafür benötigten HTML-Dateien erstellen können. Wer sich zunächst nicht in die HTML-Programmierung einfinden möchte, sollte sich die Vielfalt von WYSIWYG-Editoren anschauen. Diese Programme unterstützen Sie bei der Gestaltung Ihrer Homepage, indem Sie ähnlich wie in einem Schreibprogramm die Seiten schreiben und Elemente einfügen können, ohne auf einen Programmiercode achten zu müssen. Manche der Programme sind kostenlos, für einige müssen Sie sogar sehr tief in die Tasche greifen. Bevor Sie jedoch eine Investition tätigen, sollten Sie prüfen, ob das Programm, welches gegebenenfalls gar ein beliebtes Werkzeug unter professionellen Webdesignern ist, auf Grund der Fülle an Funktionalitäten auch noch Ihren Ansprüchen gerecht werden kann. Viele Hersteller bieten zu diesem Zweck Demoversionen an. Diese helfen Ihnen, sich einen Eindruck vom Programm zu verschaffen. Probieren Sie also diverse Hilfsmittel aus, Sie werden Ihren eigenen Favoriten finden. Bevor Sie allerdings damit sehr aufwendige Internetseiten gestalten, sollen Sie sich in der Wahl der Mittel relativ einig sein. Diese Tools (Programme) sind nämlich nicht nur praktisch, sie haben allesamt auch Besonderheiten. So kann es Ihnen passieren, dass mit dem einen erstellte Internetseiten von einem anderen nicht bearbeitet werden können. Sicherlich wird es im Leben Ihrer Internetseite mal zu einem Wechsel des Bearbeitungsprogramms kommen, der mit mehr oder weniger Aufwand verbunden ist. Doch Sie tun gut daran, derartige eventuelle Schwierigkeiten von vornherein einzukalkulieren.

Machen Sie es Ihren Lesern nicht zu schwer, Ihr Internetangebot zu finden. Suchen Sie nach dem passenden Domainnamen, der etwas mit Ihnen als Autor oder Ihrem Buch zu tun hat und dazu leicht einprägsam ist. Er wird für lange Zeit Ihre Adresse innerhalb der virtuellen Welt werden. Haben Sie den Domainnamen gefunden, lassen sie ihn registrieren, bauen Sie Ihre Internetseite auf und vergessen Sie nicht, diese bei den gängigen Suchmaschinen anzumelden.

Inhalt einer Internetseite

Der Inhalt einer Internetseite unterscheidet sich in Pflichtangaben und gewünschtem Inhalt. Grundsätzlich sollte sie dem Leser ein attraktives Informationsangebot geben. Schließlich soll es zu Ihrem Kommunikationsmedium werden und es wäre doch schade, wenn Ihre Leser auf jeden weiteren Besuch verzichten und sich anderen Quellen zuwenden.

Überlegen Sie zunächst, inwiefern Sie als Autor oder Ihr Buch / Ihre Bücher im Vordergrund stehen sollen.
Verfolgen Sie bspw. das Ziel, mehr Bücher zu verkaufen, wird das Buch im Mittelpunkt stehen. Es lohnt sich darüber nachzudenken, ob bspw. für jeden Buchtitel eine eigene Internetseite gestaltet werden sollte.

Möchten Sie jedoch als Autor auf sich aufmerksam machen und hoffen Sie gegebenenfalls gar auf einen Auftrag, sollten Sie sich und Ihr Können in den Mittelpunkt stellen.

Damit Ihre Internetseite an Attraktivität gewinnt, können Sie sich auch einem Partnerprogramm anschließen. Entsprechend würden Sie nach Ihrer Auswahl einen kleinen Werbebanner oder Textlink (sogenannte Affiliate) auf Ihrer Internetseite einfügen und der Leser hat die Möglichkeit, direkt von Ihrer Internetseite aus, auf die Seite des Partners zu wechseln. Es empfiehlt sich natürlich einen Werbepartner auszuwählen, der in der Thematik zu Ihrem Buch und Ihrer Zielgruppe passt, z. B. einen Buchshop. Im Internet werden Sie unter dem Stichwort 'Affiliate' gewiss fündig. Zeitgleich hilft es Ihnen, die Kosten einer Internetseite zu verringern. Übrigens, selbstverständlich können Sie auch selbst derartige Werbung schalten.

Mögliche Inhalte einer Internetseite:
– Autorenporträt (kurze Vita)
– Bilder mit Informationsgehalt (Cover, Autor)
– Buchvorstellung (Buchtitel, Buchbeschreibung, Hintergrund-Informationen), Klappentext
– Leseprobe (als PDF-Datei)
– Presseberichte, Rezensionen, Leserstimmen
– aktuelle Terminhinweise (und interessante Termine aus der Vergangenheit)
– Kontaktmöglichkeit, die von jeder Seite aus zugängig sein sollte
– Bestellmöglichkeit
    – Hinweis zu Anbietern z. B. stationärer Buchhandel, Verlinkung zu Online-Buchhandel

- Der Einsatz eines Affiliate-Link zum Online-Buchhändler hat den Effekt, dass Sie sich um Zahlung und Versand beim Kunden nicht kümmern müssen. Zusätzlich erhalten Sie vom Shop-Betreiber pro verkauftem Buch eine Provision.
- bei Selbstverkauf: eMail-Bestellkontakt, bei mehreren Büchern ist der Einsatz von Bestellformularen bzw. eines Shop-Systems abzuwägen

Pflichtbestandteile einer Internetseite:
- Impressum, das von jeder Seite aus zugängig ist, mit Angaben zu
  - Name und Rechtsform
  - Registergericht, Registernummer
  - Anschrift, Telefon, eMail
  - Vertretungsberechtigte
  - Haftungsausschluss
  - wenn umsatzsteuerpflichtig: Angabe der Umsatzsteuer-Identifikationsnummer, sonst nur Steuernummer
  - Name desjenigen, der die inhaltliche Verantwortung hat
  - Copyrightvermerk

Wichtig ist, Ihre Internetseite muss für den Leser informativ, ansprechend, gleichsam unaufdringlich wirken und selbstverständlich einen Kaufanreiz bieten. Das ist ein hoher Anspruch, doch mit diesem haben sich auch andere auseinandersetzen müssen. Gehen Sie deshalb mit wachen Augen auf

Entdeckungstour durch das Internet. Das haben wir auch getan. Es entstand eine Ideensammlung möglicher zusätzlicher Angebote auf Internetseiten, die Ihnen gegebenenfalls bereits eine Anregung bietet.

–   kostenlose Downloads wie eBooks, Leseproben, zusätzliche Tipps, Hintergründe, exklusive Bonustexte (als PDF-Datei)

–   kostenlose Nachträge per eMail

–   Gestaltung von Leseproben als Fortsetzungsserie

–   Newsletterversand

–   Informationen über Romanfortsetzung (Beachten Sie an dieser Stelle die verpflichtenden Vorgaben des Verlages. Darüber hinaus empfiehlt es sich, eine Datenbank aufzubauen, aus der sie den Empfängerkreis der Informationen entnehmen können. Verfahren Sie auch hier wie beim Newsletter. Wichtig ist, dass nur jene, die es wünschen, die jeweiligen Informationen erhalten.)

–   Inszenierung von Wettbewerben, Preisfragen und Verlosung von Büchern

–   Gestaltung eines spezifischen Spiels oder Kreuzworträtsels (handelnde Personen, Orte)

–   eCards mit Covermotiv, Bilder und Texte mit Szenen aus dem Inhalt

–   digitale Audio-, Video-Lesung

–   Chat-Zeiten (um mit Lesern in direkten Kontakt zu treten)

–   Coupon mit Code für ein Online-Seminar, 1 Stunde kostenlos, weitere gegen Entgelt

–   Erstellung personifizierter Geschichten auf Nachfrage

Haben Sie Ihre Ideen sortiert, gilt es nun diese ansprechend, aber auch nutzerfreundlich umzusetzen. Dabei sollten sie folgende Gestaltungshinweise beachten:

- Gestalten Sie jede Seite im gleichen Layout. Der Leser sollte nicht suchen müssen.
- Legen Sie 5-7 plausible Menüpunkte in der Navigationsleiste fest, die von allen Unterseiten navigierbar sind.
- Gestalten Sie Ihre Seiten so, dass der Leser mit max. 3 Klicks zum gewünschten Suchergebnis geführt wird.
- Prüfen Sie die Lesbarkeit der Texte am Bildschirm mit verschiedenen Auflösungen und Browsern sowie im Ausdruck. Lässt sich Ihre Internetseite in einem Auflösungsgrad besonders gut lesen, weisen Sie die Nutzer darauf hin.
- Verwenden Sie keine Leuchtfarben, um die Augen zu schonen und keine dunklen Hintergründe, falls es beabsichtigt ist, dass der Nutzer das Angebot auch ausdruckt. Der Toner- bzw. Tintenverbrauch wäre sonst unnötig hoch.
- Planen Sie eine schnelle Ladezeit ein, achten Sie insbesondere auf die Speichergröße von Bildern.
- Prüfen Sie die Funktionstüchtigkeit Ihrer Internetseite (z. B. auf Fehlermeldungen, tote Links, falsche Verknüpfungen, verschobene Bilder, Rechtschreibfehler).
- Gestalten Sie die Internetseite suchmaschinenfreundlich. Legen Sie mittels HTML-Befehl fest, ob Ihre Metadaten (Autorenname, Seitenbeschreibung etc.) sichtbar für je-

den Besucher Ihrer Internetseite oder nur für Suchmaschinen auslesbar sein sollen.

– Legen Sie Keywords (Schlüsselwörter) fest, nach denen in Suchmaschinen gesucht werden kann.

– Benennen Sie Verzeichnis-, Datei- und Seitennamen, auch Bild- und Textdateien sprechend (z. B. statt einer stimmigen Nummerierung den Buchtitel oder Autorennamen verwenden).

– Verwenden Sie generell keine Abkürzungen, denn eine Suchmaschine wird die Abkürzung nicht als Begriff auflösen können. Auch der Leser wird es danken.

– Denken Sie an eine behindertengerechte Gestaltung, die Einhaltung der Standards garantiert auch eine fehlerfreie Anzeige in allen Browsern.

– Verfahren Sie nach dem Prinzip: Weniger ist mehr. Das bedeutet nicht, dass die beste Internetseite leer bleiben und damit keine Informationen beinhalten sollte. Doch halten Sie Ihr Angebot übersichtlich und legen Sie für Details bevorzugt Unterseiten an.

Für die Bekanntmachung in der virtuellen Welt haben Sie vorrangig zwei Möglichkeiten:

– kostenlos: Eintrag in Suchmaschinen
– kostenpflichtig: Eintrag in Katalogen / Verzeichnissen

Je mehr Informationen die Internetseite enthält, desto besser ist das Ranking in den Suchmaschinen.

Doch auch nach der Eintragung in einer Suchmaschine hört Ihre virtuelle Arbeit nicht auf. Eine Internetseite benötigt kontinuierliche Pflege. Das bedeutet nicht nur, dass sie aktuell gehalten werden soll. Interessieren Sie sich dafür, wann und aus welcher Region Ihre Internetseiten aufgerufen wurden.

Eine Besucherstatistik wird Ihnen in der Regel bereits über den Provider angeboten. Sie geben unter anderem Auskunft zu folgenden Themen:

Was?	Warum?
wie viele Besucher Ihre Internetseiten ansahen	Überblick, ob Ihr Angebot wahrgenommen wurde
aus welchen Ländern / Regionen die Besucher kamen	Einsicht, inwiefern sich ein mehrsprachiges Angebot sinnvoll ist)
welche Unterseiten wie lange besucht wurden	Erfahrung, welche scheinbar beliebter als andere sind
welche Unterseite als erste, welche als letzte aufgerufen wurde	Analyse, ob relevante Informationen an anderer Stelle positioniert werden müssen
über welche Internetseite, Suchmaschine (inklusive Begriffe) der Besucher auf Ihr Internetangebot gekommen ist	Erkenntnis, wo explizit geworben werden sollte
an welchen Wochentagen / zu welchen Uhrzeiten die meisten Zugriffe erfolgten	Feststellung, wann lohnt sich ein inhaltlicher Wechsel des Internetangebotes

Im Internet werden Sie weitere, zum Teil kostenlose Angebote finden.

Überlegen Sie gut, inwiefern Sie sogenannte Counter, also Besucherzähler, auf Ihrer Internetseite platzieren. Es mag beeindruckend aussehen, wenn dort gigantische Zahlen von mehreren tausend Besuchern angezeigt werden. Die werden Sie eines Tages haben. Doch wie sieht es am Anfang aus? Wenn Sie sich auf den ersten, dann auf den zweiten Besucher noch freuen? Es wird eine mehr oder weniger länger dauernde Zwischenzeit geben, in der so ein Counter Ihren Besuchern nicht den Eindruck einer neuen Internetseite, sondern einer nicht wirklich gemochten Seite vermittelt. Möglicherweise erweist sich ein Counter doch nicht in jedem Fall so sinnvoll. Und doch haben sie einen unumstrittenen psychologischen Effekt gegenüber den Nutzern, wobei sie allzu gern manipuliert werden. Dass man als Betreiber eine Internetseite bei den meisten Countern die Einstellungen selbst verändern kann und so aus 17 Besuchern schnell 17000 werden, wussten Sie doch, oder?

Behalten Sie Ihre Besucherstatistik in jedem Fall im Blick und reagieren Sie darauf. Entfernen Sie bspw. die Inhalte, die selten oder gar nicht von Ihren Lesern besucht bzw. genutzt werden. Doch auch wenn es der Möglichkeiten viele gibt, es besteht keine Notwendigkeit, Ihre Besucher 'auszuspionieren' und über sie Daten zu sammeln. Das ist nicht nur verboten, es wird Ihnen gewiss auch nicht gedankt.

Für einige ist auch der Pagerank von Interesse. Dabei handelt es sich um das nach einem Algorithmus von der Suchmaschine Google genutzte Bewertungsverfahren einer Internetseite.

Das Prinzip ist einfach. Je mehr Links auf Ihre Seite verweisen, desto wichtiger wird Ihre Seite eingestuft und umso höher wird der Pagerank ausgewiesen. Wurden die verweisenden Seiten selbst als wichtig eingestuft, vergrößert sich der Effekt. Die Bewertungsskala reicht von 1-10, wobei Seiten mit einem Wert bis 5 als normal und mit einem darüber hinaus gehenden Wert als wichtig angesehen werden.

Prüfen Sie doch einmal nach, welchen Pagerank Ihre Seite einnimmt. Seien Sie nicht enttäuscht, falls dieser gar so klein ausfällt. Wichtiger ist, dass Ihre Leser den Weg zu Ihnen und Ihrem Buch finden.

Je mehr Besucher Ihr Internetauftritt hat, desto besser. Doch welche Möglichkeiten gibt es, die vorhandenen Besucherzahlen zu erhöhen? Sie reichen von einer Optimierung Ihrer Seite für einen Suchmaschineneintrag bis hin zu gezielter Promotion. Kontaktieren Sie z. B. Internetseiten, von denen Sie vermuten, dass sich Ihre Zielgruppe dort aufhält. Bitten Sie um eine Buchrezension bzw. einen Verweis / Link zu den Detailinformationen auf Ihren Internetseiten. Je mehr Sie mit Ihrem Angebot eine Nische streifen, desto größer ist die Aufmerksamkeit, die Sie auf sich lenken können. Darüber hinaus gibt es auch kostenpflichtige Möglichkeiten wie Suchmaschinen-Werbung oder Zahlen-per-Click-Werbekampagnen. Bitte beginnen Sie nicht wahllos jedem noch so verlockenden Angebot zu folgen. Planen Sie langfristig Ihre Strategie und wägen Sie gründlich ab, ob es die Situation erfordert, dieser untreu zu werden.

Nutzen Sie Ihre inzwischen perfekt gewordene Internetseite unbedingt auch für die Ankündigung von Neuerscheinungen. Nirgendwo sonst können Sie ausführlichere Informationen hinterlassen. Es empfiehlt sich, etwa 4 bis 6 Monate vor dem Verkaufsstart mit dieser Art an Werbung zu beginnen. Veröffentlichen Sie neben einer Kurzbeschreibung das Cover, ein Inhaltverzeichnis und den Klappentext. Eine Leseprobe rundet das Informationspaket ab.

Das ist sicherlich eine interessante Sache, wenn Sie auf Ihrer Seite auch einen Textauszug Ihres Buches veröffentlichen. Doch bevor Sie das tun, schauen Sie bitte zunächst in Ihren Verlagsvertrag, inwieweit Sie eine Genehmigung zur Veröffentlichung benötigen. Sofern der Einstellung auf Ihrer Seite nichts im Wege steht, sollten Sie im eigenen Interesse die Angabe der Quelle nicht vergessen.

Doch es wäre schade, wenn Ihre Besucher zwar bemerken, dass in einigen Monaten Ihr Buch erscheinen wird, doch die Information mit der Zeit in Vergessenheit gerät. Bieten Sie Ihren Lesern einen spezifischen Newsletter an, der sie über den Verkaufsstart informiert.

Für die Presse können Sie ein umfangreicheres Angebot verfügbar halten, so z. B. ein gesamtes Kapitel und die Bestellung eines Vorabexemplars.

Soll nicht jeder darauf Zugriff haben, können Sie entweder einen geschützten Bereich auf Ihrer Internetseite einrichten, Unterlagen nach Aufforderung per eMail verschicken oder aber den postalischen Versand in Erwägung ziehen.

- Internetwerbung

Nicht jeder Autor ist im Internet vertreten und doch werden Autoren-Internetseiten gern besucht. Wenn Sie computeraffin sind, lohnt sich über eine Gestaltung nachzudenken. Bieten Sie Leseproben und eCards mit dem Buchcover-Motiv zum Download an. Auch ein Newsletter - wie Sie bereits wissen - ist ein geeignetes Mittel, die Leser mit regelmäßigen Informationen zu versorgen. Denken Sie jedoch daran, dass mit regelmäßig kontinuierlich gemeint ist, Sie nicht nur etwas zu sagen, sondern auch die Zeit zur Gestaltung haben müssen. Links zu Online-Shops und Kooperationspartner können Ihre Seite sehr bereichern.

Sicherlich haben Sie bereits daran gedacht, Ihre eigene Internetseite, in der Sie oder Ihr Buch im Mittelpunkt steht, kostenlos in den Suchmaschinen anzumelden. Auch wenn Sie nicht über die Stränge schlagen sollten, ein kleiner Blick auf die kostenpflichtigen Möglichkeiten der Internetwerbung sei dennoch erlaubt.

Haben Sie schon einmal die Werbung innerhalb von Suchmaschinen bemerkt? So genannte Keyword-Advertising wie AdWords sind kleine Text-Werbe-Anzeigen, die bspw. in der Suchmaschine Google rechts dargestellt werden, sofern die Anzeige zum Suchbegriff passt. Bevor Sie jedoch Worte und Phrasen bei Suchmaschinen buchen, sollten Sie sehr genau gefiltert haben, nach welchen Begriffen Ihre Zielgruppe suchen wird. Die Bezahlung erfolgt bei Klick, das heißt wenn der Nutzer auf die von Ihnen geschaltete Anzeige klickt, wird ein zwischen dem Suchmaschinenbetreiber und Ihnen vereinbarte Betrag fällig. Das klingt zunächst gut, doch Sie müssen auch bedenken, dass Sie möglicherweise nicht als einziger eine passende Anzeige zum Suchbegriff liefern. Zwar spricht es für das Medium, wenn auch andere Unternehmen werben, da sich keiner langfristig Kapitalverluste leisten kann, doch die Reihenfolge der Anzeigen ergibt sich auch aus der Höhe der Bezahlung. Daher ist es einerseits gut, wenn Sie auf 'Nischen-Suchbegriffe' reagieren können, andererseits berücksichtigen Sie bitte, dass Ihr Werbe-Etat nicht endlos ist.

Doch nicht nur in Suchmaschinen können Sie werben. Auf den Internetseiten anderer lohnen sich Anzeigenschaltungen genau dann, wenn es sich um eine zielgruppenaffine Seite handelt und sich der Preis dafür im Rahmen hält, ebenso aber auch die bekannte Bannerwerbung mit einem Link zur eigenen Internetseite. Das heißt so wie Sie auf Ihrer Internetseite Affiliate-Links aufnehmen können, steht es Ihnen frei, selbst welche zur Verfügung zu stellen. Bevor Sie agieren, überlegen Sie bitte auch die Konsequenzen Ihres Handelns. Zahlungsmodelle für Affiliate-Werbung gibt es für das Ansehen bzw. Anklicken der Anzeige sowie für einen dadurch generierten Kauf. Bedenken Sie, dass Sie das Ansehen und Anklicken nicht beeinflussen können und auch zahlungsverpflichtet sind, wenn kein Umsatz entstanden ist. Die Abrechnung erfolgt in der Regel nach Einsatzdauer, Häufigkeit der Anzeige bzw. nach Anzahl der Klicks. Berechnen Sie also in einer ruhigen Minute für sich die Kosten, denn diese sollten bei aller Euphorie stets überschaubar bleiben.

PPV	Zahlung bei Ansicht
PPC	Pay per Action / Pay per Click Zahlung bei Klick
CPO	Pay per Sale / Cost per Order Zahlung bei generiertem Kauf

Darüber hinaus gibt es die Möglichkeit, nicht nur Beiträge für elektronische Zeitschriften, Newsletter und Blogs beizusteuern, sondern in diesen mittels Werbung auf Ihr Buch aufmerksam zu machen. Haben Sie eine Internetseite gefunden, die Ihre Zielgruppe thematisch anspricht und einen Newsletter-Service anbietet, nehmen Sie mit dem Betreiber Kontakt auf. Gegebenenfalls wird Ihnen zu einem günstigen Preis ermöglicht, eine Werbeanzeige zu schalten oder einen Sonder-Newsletter zu gestalten. Das kann - muss aber nicht kostenpflichtig sein.

Vielleicht können Sie sich darauf einigen, dass Sie kostenlos auf einer Internetseite werben, dafür diese im Gegenzug auf Ihrer Webpräsenz oder im eBook erwähnen.

Da Newsletter sehr oft eine hohe Reichweite innerhalb der Zielgruppe haben, kann sich eine Investition in das Medium als sehr erfolgreich erweisen. Am preiswertesten ist es, wenn Sie diese Formate selbst herausgeben. Doch stopp, übernehmen Sie sich nicht, denn es bedarf einer Menge Zeit und wollten Sie nicht noch ein weiteres Buch schreiben? Unabhängig davon sollten Sie aber im Abschnitt 'E-Mail und Internet' einige Anregungen zum Thema finden, falls Sie der Versuchung nicht wiederstehen können.

Wenn Sie etwas ganz Besonderes machen möchten, bieten Sie doch eine virtuelle Book-Tour an. Diese können Sie auf Ihrer eigenen Internetseite wie auch für einen begrenzten Zeitraum auf anderen bzw. in Blogs zur Verfügung stellen. Chatzeiträume wären wiederum eine Möglichkeit, angenehm aus dem Rahmen zu fallen und gleichsam mit dem Leser in Kontakt zu treten.

Doch bei aller Kooperation bedenken Sie bitte, ob die gebotenen Möglichkeiten Ihrem Image und dem des Buches gerecht werden. Manchmal ist ein 'NEIN'-sagen angebrachter. (Beachten Sie dazu auch den Abschnitt: 'Eigene Internetseite'.)

- Weblog, Forum, RSS-Feed

Die virtuelle Welt ist vielfältig. Seien Sie präsent. Zeigen Sie, bei welchen Themen sich Ihr Rat als unverzichtbar erweist. Nichts eignet sich dabei besser, als Kommentare in anderen Foren (Newsgroups, Messageboards) und Blogs (Internettagebuch) abzugeben bzw. Mailinglisten zu nutzen.

Während Sie in Blogs oder in Foren Beiträge beantworten, können Sie diskret auf die eigene Internetseite, den eigenen Weblog oder Ihr Buch verweisen. Die Betonung liegt auf 'diskret', denn Profilneurotiker sind allgemein ungern gesehen. Doch was ist 'diskret' und dennoch auffällig genug? Hinterlassen Sie bspw. einen Hinweis auf Ihre Internetseite auf Ihrer Profilseite und begeistern Sie innerhalb Ihrer Beiträge durch Ihr Wissen. Bauen Sie in Ihren Beiträgen gezielt Schlüsselwörter ein, nach denen Ihre Zielgruppe suchen wird. Zitieren Sie beiläufig aus Ihrem eigenen Buch und werden Sie konkret, wenn es die Situation gestattet. Prüfen Sie, inwiefern Hyperlinks zu Händlern, die Ihr Buch verkaufen, erlaubt sind. Auch in der Signatur können dezent (max. 10 Worte) kurze Angaben zum eigenen Buch untergebracht werden. Doch auch an dieser Stelle gilt: Weniger ist manchmal mehr. Wählen Sie deshalb eine geeignete Domain und fügen Sie einen dahin verweisenden Link in Ihre Signatur ein. Vertrauen Sie Ihren Lesern, dass Sie den Weg zu Ihrem Buch finden werden.

Für jeden Blog, jedes Forum gibt es allgemeine und spezielle Hinweise, die es zu beachten gilt. Generell sollten Sie

- kurze Sätze schreiben. Blogs und Foren haben oft eine schmale Seitenbreite, wodurch die Lesbarkeit eingeschränkt wird. Gelegentlich ist zudem nur eine beschränkte Zeilenanzahl sichtbar.
- nicht in GROSSbuchstaben schreiben. Kleine Botschaften erhalten dadurch rasch einen Befehlscharakter.
- keine Kritik an anderen Beiträgen üben und die Netiquette beachten.

Seien Sie sich bei jedem Beitrag bewusst, dass Einträge schwer wieder zu löschen sind.

Auch wenn es reichlich anstrengend klingen mag, das ist es nicht. Sie haben auf diese Weise die Möglichkeit, den Kontakt zu Ihrer Zielgruppe individuell zu gestalten. Es gibt einige, die auf diese Form von Arbeit verzichten und stattdessen anonyme bzw. getarnte Beiträge mit einer Empfehlung zum eigenen Buch veröffentlichen. Überlegen Sie für sich, welchen Weg Sie beschreiten möchten.

Selbstverständlich bleibt es Ihnen überlassen, einen eigenen Blog zu Ihrem Buch zu eröffnen. Eine geeignete Plattform werden Sie schnell im Internet finden. Wecken Sie das Interesse Ihrer Leser mit Informationen, was Ihnen mit einer reinen Kaufaufforderung nicht gelingen würde. Exklusive Hintergrundinformationen sind da schon dienlicher. Vergessen Sie nicht, Ihren fleißigen Kommentargebern die Bucherscheinung mitzuteilen. Trotz der hervorragenden Möglichkeit, Kontakt mit den Lesern aufzunehmen, muss auch der Betrieb eines eigenen Blogs genau durchdacht werden. Nicht nur, dass Sie die Funktion eines Moderators übernehmen, der die Kommentare filtert und damit auch Einfluss auf die Inhalte nehmen kann. Sie müssen auch reagieren, antworten, Konflikte schlichten können und insbesondere die aktuellen Rechtsprechungen beachten. Seien Sie zu jederzeit informiert, was in Ihrem Blog vorgeht und haben Sie den Mut, von 'Ihrem Hausrecht' Gebrauch zu machen. So kann es vorkommen, dass Sie einen eifrigen Schreiber von Ihrer 'Bloggemeinde' ausschließen müssen, weil dieser allzu gern rechtswidrige Kommentare verfasst. Damit haben Sie zwar mit Sicherheit einen Leser verloren, doch lieber ein verkauftes Buch weniger als selbst mit einer Strafanzeige rechnen zu müssen, weil man ein Forum für 'überflüssige' Kommentare bot, oder?

Auf folgende Elemente eines Weblogs können Sie u. a. zurückgreifen:

- Kommentare: Entscheiden Sie, unter welchen Umständen jemand ein Kommentar abgeben kann (z. B. alle, gar keiner, nur angemeldete Mitglieder)
- Archiv: Archivieren Sie alle Beiträge (z. B. kalendarisch oder nach Kategorievorgaben)
- Trackback: Link zu einem Themenstrang, der wie eine Internetadresse funktioniert, kopiert werden kann und jederzeit die Verfolgung des Themas ermöglicht

- Permalink: Link des einzelnen Beitrags, der wie eine Internetadresse funktioniert, kopiert werden kann und jederzeit wieder zu dem Beitrag führt
- Ping: informiert andere Bloggingserver, dass eine neue Nachricht erstellt wurde
- RSS-Feed: ermöglicht dem Leser, bereitgestellte Informationen zu abonnieren

Auch wenn Sie sich die größte Mühe geben, kann es sein, dass Ihr wirklich gelungenes Forum nicht angenommen wird. Alles benötigt seine Zeit? Sicherlich. Nur manchmal ist es auch an der Zeit, das Forum wieder abzuschalten, bevor Leser von einer mageren Besucherzahl und spärlichen Beiträgen abgeschreckt werden.

Deshalb müssen Sie sich nicht vollständig von Ihrem Vorhaben verabschieden. Möglicherweise besuchen Ihre Leser Ihren Blog sogar gern, doch es sind eben Leser und keine Schreiber. Vielleicht liegen Sie goldrichtig, wenn Sie ein spannendes Online-Tagebuch zu Ihrem Buch gestalten, welches auf die Beiträge anderer vollständig verzichtet.

- Direkt-response-Werbung

Wir erinnern uns noch an die gute alte Briefwerbung. Uns erreichten Angebote im Briefkasten und per Post schickten wir die Bestellung zusammen mit einem Scheck zurück.

Direkt-Response-Werbung ist also eine Form der Werbung, in welcher der Empfänger aufgefordert wird, auf direktem Weg postalisch, elektronisch, oder telefonisch zu antworten.

Sie haben bemerkt, wir haben bereits zwei Kommunikationsformen ergänzt, denn so vielfältig wie die Werbung wurde, so sehr passten sich die Menschen auch in ihrer Kommunikation an. Das kennen wir doch: 'Ich schreib da mal eben eine eMail…' oder 'Ich ruf da mal eben an.'

Doch was ist eigentlich in diesem Werbeumfeld zu tun? Lassen Sie es uns anhand eines 9-Punkte-Planes verdeutlichen. Es wird Ihnen nicht viel Neues begegnen.

1. Ermitteln Sie Ihre Zielgruppe.
2. Recherchieren Sie, welche Printmedien Ihre Zielgruppe liest.
3. Analysieren Sie, in welcher Form Ihre Zielgruppe das Internet nutzt, welche Seiten bevorzugt aufgerufen werden, mit welchen Begriffen nach einschlägigen Informationen gesucht wird.
4. Wählen Sie Ihr Werbemedium aus.
5. Entwerfen Sie eine Direkt-Response-Anzeige für Ihre Zielgruppe, welche die jeweiligen Kaufargumente enthält.

Beachten Sie dabei die spezifischen Vorgaben der ausgewählten Medien.

- Elemente einer Direkt-Response-Anzeige:
  - Überschrift, Untertitel, Foto / Illustration: zeigen das vorhandene Problem des Lesers auf und versprechen einen Nutzen durch das Buch
  - Einleitung: spricht das Problem an und verspricht eine Lösung
  - Inhalt: geht auf das Problem und die Lösung detailliert ein, Kernaussagen werden in Absätzen wiederholt und verstärkt; vermittelt Glaubwürdigkeit und Garantieempfinden, z. B. 'schon vielen geholfen', 'von … empfohlen'
  - Kaufaufforderung: enthält das Kaufsignal und erklärt eine Zeitrelevanz, z. B. '20 % Rabatt nur noch diese Woche'
  - Besonderheit bei Internet- / Suchmaschinen-Werbung: Anzeigen bestehen aus maximal 20 Worten (Schlagzeile und Inhalt); mittels Verlinkung werden die Interessenten auf die Internetseite umgeleitet (landing page), auf welcher ein ausführlicherer Werbetext steht, dem die Elemente der Direkt-Response-Anzeige zu Grunde gelegt wurden

6. Schalten Sie die Anzeige mit einem Trackingkey. Dieser ermöglicht nachzuvollziehen, welcher Kauf über welche Anzeige initiiert wurde. Als Unterscheidungskriterium können z. B. Stichwörter oder Abteilungsbezeichnungen dienen.

7. Schlüsseln Sie den Umsatz pro Trackingkey auf.
8. Werten Sie die Ergebnisse pro Anzeige aus. Als Kriterium dienen Anzeigenformat und -ort, Umsatz sowie Anzeigenpreis. Selektieren Sie die Medien, in denen sich der größte Nutzen ergab für eine erneute Platzierung und erhöhen Sie gegebenenfalls die Frequenz.
9. Erproben Sie neue Anzeigenformate, neue Werbemedien und vergleichen Sie die Ergebnisse miteinander.

Sie haben Recht, es ist kaum möglich, alle Varianten der Werbung zu benennen. Der Phantasie sind lediglich gesetzliche Grenzen gesetzt:

- Anzeigen auf Internetseiten und in Suchmaschinen
- Inserate in Büchern und Broschüren
- Werbebeilagen an gezielte Hausadressen
- Werbezettel mit Bestellmöglichkeit per eMail
- Werbung in Zeitschriften, Zeitungen mit Bestellmöglichkeiten per eMail, Post, Telefon, Fax
- Werbung im Rundfunk / TV mit Bestellmöglichkeit per Telefon
- Infomercial = als Information getarntes TV-Werbevideo (kostenintensiv!)
- adressierte Briefwerbung und adressierte eMails (direct mail): Bitte beachten Sie die gesetzlichen Grundlagen des jeweiligen Landes. (Siehe hierzu auch den Abschnitt 'Promotion für Ihr Buch'.)

Nicht gestattet sind:
- Massen-eMails (Spams)

Es obliegt somit Ihnen, das für Ihr Ziel geeignete Mittel auszuwählen, gegebenenfalls werden Sie sogar variieren. Sie sollten darauf achten, viele Menschen zu erreichen und dennoch kostengünstig zu wirtschaften.

Wie Sie das richtige Medium finden? Indem Sie die Branche, die Kosten und Ihre Möglichkeiten stetig im Blick behalten.

Sie hatten bereits analysiert, welche Medien Ihre Zielgruppe konsumiert. Schalten dort eigentlich auch Berufskollegen Anzeigen und das gar wiederholt? Das ist ein nicht uninteressanter Fakt, denn sofern kein Mitglied aus der Branche in dem Medium wirbt oder nur einmalig, könnte es möglich sein, dass die Erfolgsaussicht zu gering ist. In dem Fall lohnt es sich durchaus auch neue Wege zu gehen.

Die Anzeigenpreise können Sie meist bereits dem Impressum entnehmen. Beachten Sie dabei folgende Berechnung:

CPM	Printmedien: Kosten per tausend Leser Eine Zeitung wird von etwa 3-4 Lesern gelesen. Bedeutet also nicht Kosten per Druck.
CPC	Internet: Cost Per Click

Nun sollen Sie sich zwar keine Rabatte erschleichen, doch es gibt sie, bspw. für Mehrfachschaltungen und last-minute-Anzeigen. Danach zu fragen ist legitim.

Deshalb planen Sie Ihr Werbe-Etat frühzeitig und langfristig. Lassen Sie sich nicht von verlockenden Angeboten verleiten.

Wählen Sie nur die Werbemedien aus, die vermutlich von Ihrer Zielgruppe konsumiert werden. Letztlich wäre es ein verschenkter zeitlicher und finanzieller Aufwand, wenn Sie an dieser vorbei agieren. Ob sich die eingesetzten Mittel als erfolgreich erweisen, können und sollten Sie grundsätzlich anhand der Rückläuferquoten und tatsächlichen Gewinne ermitteln.

- Veranstaltungen

Veranstaltungen können eine Verbindung zwischen Autor, Buch und Leser schaffen. Bevor Sie aber beginnen, in Ihrem Terminkalender nach einem freien Tag zu suchen, bedarf es noch einiger Überlegungen mehr.

Was für eine Veranstaltung soll es denn sein?

Art => Empfehlung	
Lesung: Prosa	Mit verschiedenen Tonlagen gelingt es Ihnen, die Zuhörer in den Bann zu ziehen. Doch seien Sie nicht nur Sprecher, sondern auch Schauspieler, d.h. erzählen Sie lieber die Geschichte und lesen Sie zwischendurch lediglich Auszüge vor.
Lesung: Lyrik	Erzählen Sie lieber die Entstehungsgeschichte, anstatt mehrere Gedichte aneinandergereiht vorzutragen; oder erklären Sie Regeln, wie man Gedichte schreibt
Vortrag: Reisebeschreibung	Lassen Sie Ihre Ausführungen mit Dias oder Videos lebendig werden.
Signierstunde	Wählen Sie insbesondere Bücher mit lokalem oder thematischem Bezug aus.
Diskussionsrunden und	Nehmen Sie an organisierten

Konferenzen	Veranstaltungen passend zur Thematik Ihres Buches teil oder richten Sie diese selbst aus
Workshop	Bieten Sie einen Workshop zur Thematik Ihres Sach- / Fachbuches an und wecken Sie Neugierde. Doch Vorsicht, verraten Sie nie den gesamten Inhalt. Es soll schließlich spannend bleiben. Verweisen Sie stattdessen im Weiteren auf das Buch, welches noch mehr Details verrät.

Noch eine Bitte: Wir alle haben eine Vorstellung von einem typischen Verkäufer. Denken Sie an die unangenehmste Begegnung, als Sie nur mal schauen wollten und der Verkäufer an allen Ecken des Ladens auf Sie lauerte, um Ihnen doch das eine oder andere aufzuschwatzen. Genau darum geht es. Sie sollen bei allen Ihren Aktivitäten den Verkauf Ihres Buches im Blick behalten, aber drängen Sie sich nicht auf. Das kostet mindestens so viel Anstrengung wie die Mühe, Ihr Publikum zu begeistern. Sie kennen Ihre Zielgruppe schließlich am besten. Und lernen Sie zu verzeihen, nämlich demjenigen, der 'nein' zu Ihrem Buch sagt. Gehen Sie von dem Gedanken ab, dass er es persönlich meint. Beachten Sie grundsätzlich die allgemeinen Kommunikationsregeln. Vertrauliche oder gar zutrauliche Gesten sind bei dieser Art von Veranstaltungen unangebracht. Hier sind Seriosität und gepflegte Umgangsformen passender. Dennoch, bleiben Sie möglichst nahe an Ihrem tatsächlichen Ich. Ihr Publikum wird es Ihnen danken, wenn Sie authentisch wirken.

Sie haben Recht, es genügt nicht, sich nur Gedanken über den Veranstaltungstyp zu machen, eine passende Räumlichkeit gehört dazu.

Wo soll denn die Veranstaltung stattfinden? Im größten Saal der Stadt? Sind Sie sicher? Wir möchten es Ihnen nicht ausreden, doch gibt es allerlei Möglichkeiten mehr. Wie wäre es eine Spur kleiner, bspw. mit einer Buchhandlung, Bibliothek, Schule oder Kirchengemeinde? Nehmen Sie Kontakt auf. Sprechen Sie bei dem Inhaber / Filialleiter / Verantwortlichen vor. Verfassen Sie, falls gewünscht, einen schriftlichen Vorschlag. Beschreiben Sie darin die Art der Veranstaltung (Seminar, Lesung, Workshop, …). Geben Sie eine inhaltliche Einführung in Ihr Buch und vergessen Sie nicht: Argumentieren Sie, was Sie selbst unternehmen werden, um für die Veranstaltung zu werben. Lesen Sie sich zum Schluss den formulierten Inhalt durch. Wird daraus ersichtlich, warum es lohnenswert ist, Ihnen die Räumlichkeit zur Verfügung zu stellen (z. B. Image, erwartete Verkaufszahlen)? Wenn nicht, müssen Sie nochmals ran.

Was nützt aber ein Veranstaltungsort, wenn Sie zu besagter Zeit an diesem alleine bleiben? Machen Sie also Werbung. Stopp! Bevor Sie loslaufen, sollten Sie die Aktionen wieder planen. Das wirkt nicht nur professioneller in der Argumentation gegenüber eines möglichen Buchladens, dessen Interesse Sie wecken möchten, es ist insbesondere auch effektvoller.

Dem Buchhändler wird es freuen, denn viele Leute sichern ihm steigende Umsatzchancen. Und wie erreichen Sie Ihre Zielgruppe?

- Planen Sie Ihre Kampagne langfristig und effizient.
- Verteilen Sie Werbezettel dort, wo Sie Ihre Zielgruppe vermuten, z. B. im Buchladen, in Bibliotheken, Restaurants, Schulen, Kirchen, Freizeit- / Fitnesszentren, Vereinsräumen und nicht zu vergessen: in Arztpraxen. Gestalten Sie den Werbezettel übersichtlich. Die wichtigste Botschaft ist Zeit, Ort, Datum. Klären Sie zuvor mit den Verantwortlichen, unter welchen Bedingungen die Auslage gestattet wird.
- Verschicken Sie eine Zusammenfassung der Veranstaltung an die lokale Presse. Der Abdruck für den Veranstaltungsteil ist mitunter sogar kostenlos. Eventuell kommt man gelegen, und es besteht Bedarf ausführlicher zu berichten.
- Nutzen Sie die Chance der Kostenteilung, indem Sie eine Gemeinschaftsanzeige z. B. mit der Buchhandlung, einem weiteren Autor, dem Musiker, Caterer, Organisator schalten. Im Übrigen müssen diese nicht zwangsläufig an Ihrer Veranstaltung mitwirken. Es genügt eine thematische Verbindung.
- Denken Sie auch an die Möglichkeit der kostenlosen Internetangebote wie Veranstaltungskalender und Kleinanzeigen.
- Vergessen Sie nicht, Ihre bereits vorhandenen Kontakte bei der Einladung mit zu berücksichtigen.

Sie denken in größeren Dimensionen, z. B. ein Veröffentlichungsevent? Der Name verrät es, ein Event anlässlich der Neuerscheinung Ihres Buches. Ein in manchen Ländern durchaus gängiger Brauch. Doch lassen Sie sich nicht vorschnell dazu verleiten. Prüfen Sie zunächst, ob Sie sich dem gewiss tollen Ereignis gewachsen fühlen.

Veröffentlichungsevents können in diversen Räumlichkeiten, z. B. in Bibliotheken, Schulen, Kirchen, Buchläden, Restaurants, Kongressräumen stattfinden. Das klingt noch einfach, bei Tag und Uhrzeit wird es deutlich schwieriger. Einerseits empfiehlt sich ein Werktag, da es für eingeladene Medienvertreter eine dienstliche Verpflichtung darstellt. Andererseits ermöglicht ein Wochenende wesentlich mehr Leuten eine Teilnahme an Ihrer Veranstaltung. Medienvertreter? Richtig, laden Sie die lokalen Medien sowie die geeignet erscheinenden Interessenten (z. B. Vereine, Organisationen, Parteigruppen, …) ein. Rechnen Sie nicht damit, dass alle kommen. Machen Sie deshalb auf Ihr Event aufmerksam. Werben Sie für Ihre Veranstaltung, wo immer sich die Möglichkeit bietet, z. B. in Ihrem Newsletter, im Signum Ihrer eMails, auf Werbezetteln, in Anzeigen, der lokalen Presse und im Rundfunk, …

Kalkulieren Sie, ob und wie viele Exemplare Sie sich leisten können zu verschenken. Der Zweck heiligt die Mittel? Nicht unbedingt. Schließlich gehen Sie mit jedem Gratisbuch das Risiko ein, die tatsächlichen Verkaufszahlen zu senken. Setzen Sie sich deshalb eine finanziell mögliches Limit und dazu eine sinnvolle Stückzahl an Gratisexemplaren, die Sie im Vorfeld z. B. in städtischen Einrichtungen, Kirchen, Gemeinden sowie Bibliotheken verteilen. Verbinden Sie es mit der Einladung zu Ihrer Veranstaltung.

Und wenn die Teilnehmer da sind? Dann seien Sie der charmante Gastgeber und belohnen Sie die Teilnehmer für Ihr Kommen, bspw. mit Ihrem Buch mit persönlicher Widmung. Geschenkt? Warum nicht verkauft?

- Lesungen

Sie haben sich also entschieden, eine Lesung stattfinden zu lassen. Es ist ja auch ein wundervolles Mittel, sofern Sie sich im belletristischen Genre bewegen, Ihr Publikum für sich und noch besser - für Ihr Buch - zu gewinnen.
Gelegenheiten gibt es viele, z. B. auf Buchmessen, in Schulen, Literaturhäusern und bei Vereinen.

Machen Sie sich also zunächst Gedanken, Orte für Ihre Lesung zu finden. Das können sein:
–   Bibliotheken, Buchhandlungen
–   Kindergärten, Schulen, Internate, Kinder- und Jugendheimeinrichtungen, Kinder- und Jugendzentren
–   Eltern- und Lehrerfortbildungen
–   Strafanstalten
–   Schreib-Workshops, Literaturfestivals
–   Altersheime, Krankenhäuser
–   Ausbildungseinrichtungen, Hochschulen, Universitäten
–   Unternehmen

In jedem Fall sollte der Ort zum Inhalt des Buches passen.
Besondere Lesungen, wie z. B. eine Mitternachtslesung an außergewöhnlichen Orten, z. B. im Schlosspark, bleiben selbstverständlich am längsten in Erinnerung.
Es haben auch schon Lesungen in Galerien, in Cafés, Restaurants oder Einkaufszonen, in Bussen, Bahnen, auf Schiffen, in Fabrikhallen, in Kleingartenanlagen und auf Campingplatzen, ja sogar in Zirkuszelten oder Zirkuswagen stattgefunden.

Der Veranstaltungsort passt. Doch passen auch Sie? Entwickeln Sie Ihren eigenen Stil, machen Sie sich unverwechselbar. Es wäre schließlich schade, wenn jeder von der ach so tollen Lokation spricht, aber Sie und Ihr Buch bereits zur Nebensache wurden. Überlegen Sie, was Sie unverwechselbar macht. Das können Äußerlichkeiten sein, auch ganz bestimmte Verhaltensweisen. Denken Sie an einen Imitator. Ob Mimik, Stimme, Haarschnitt, Sakko, Sitzhaltung - mitunter genügt nur ein Element und der Zuschauer weiß, welche Persönlichkeit dargestellt werden soll. Bei Autoren können das auch Eigenheiten sein wie die Konzepte grundsätzlich mit grüner Tinte zu schreiben. Werden Sie zu einer Marke. Das heißt übrigens nicht, dass wir Ihnen Auftritte in der Öffentlichkeit empfehlen, bei denen Sie durchgeknallt oder schrullig und pöbelnd wirken sollten. Das brächte Ihnen zwar das nötiges Aufsehen ein, gegebenenfalls sogar erfolgreiche Absatzzahlen, doch eventuell müssten Sie sich außerhalb Ihrer literarischen Ausflüge um ein neues Wirkungsfeld bemühen.

Sie haben Ihren Ort und Ihren Stil gefunden? Dann inszenieren Sie Ihren eigenen Auftritt, zum Beispiel mit einer ansprechenden Hintergrundkulisse, Filmsequenzen oder einer musikalischen Untermalung. Achten Sie auf eine angenehme und der Thematik angemessene Atmosphäre. Gewiss werden Sie eine mordlüsterne Szene anders als ein Liebesgedicht oder ein Satirestück vortragen. Lassen Sie Ihr Publikum mit Ihren literarischen Figuren 'mitleben'.

Eine Frage zwischendurch: Möchten Sie die Lesung selbst veranstalten oder über einen Veranstalter? Es gibt kein Patentrezept, lediglich das, Kosten und Nutzen gründlich abzuwägen. Vielleicht können Sie sich auch eine Gemeinschaftslesung vorstellen. Gut aufeinander abgestimmte, kurz ausfallende Einzellesungen können für das Publikum Auflockerung, für Sie Sicherheit und Motivation bringen. Zusätzlich hätte es den Kostenteilungseffekt (und auch den Gewinnteilungseffekt!).

Die Rahmenbedingungen sind festgelegt. Es wird Zeit, sich Gedanken über die Werbung zu machen. Mag sein, Sie haben einen beschaulichen Ort im Blickfeld, in dem der Auftritt einer Schüler-Theater-Arbeitsgemeinschaft bereits zum Highlight des Jahres führt und sich niemand in dem Ort das Ereignis entgehen lässt. Dann müssen Sie sich freilich weniger Gedanken machen als in einer Stadt mit kultureller Vielfalt, in der die Lesung eines unbekannten Autoren mit mehreren zur gleichen Zeit stattfindenden Veranstaltung der Kunst- und Kulturbranche mit gegebenenfalls gar populären Künstlern konkurrieren muss. Zeigen Sie umso mehr Kreativität und behalten Sie den Blick auf Kosten und Nutzen.

Entwerfen Sie Werbematerialien, in denen Ort und Termin nachträglich eingetragen werden können. Das hat den Effekt, dass Sie die Materialien vorab nicht unter Zeitdruck entwickeln müssen und nicht benötigte auch noch zu einer anderen Veranstaltung verwenden können. Sollten Sie sich für eine abwischbare Variante entscheiden, achten Sie auf die Verwendung von lichtunempfindlichen Stiften und auf eine

Platzierung, an der 'findige Kerlchen' keinen Schabernack treiben können.

Beispiel(e) für Plakatwerbung:

- Motiv: Buchcover, Porträtfoto, Logo und Kontaktadresse des Veranstalters (freien Platz für die Angabe von Ort und Termin der Lesung, gegebenenfalls Eintrittspreis lassen)
- Größe: DIN A3, 100-135g Papier
- Verteilung: 2 Wochen vor der Lesung (Es gilt die Faustregel: etwa 4 Plakate pro 1.000 Einwohner. Seien Sie an dieser Stelle jedoch flexibel und passen Sie sich an die Vor-Ort-Situation an. Andere Veranstalter machen es Ihnen vor. Messen Sie sich nicht mit den allergrößten. Bleiben Sie in Ihrer Branche. Es ist sicherlich einleuchtend, dass vier A3 Plakate, die zeitgleich mit 1000 großflächigen Zirkusplakaten konkurrieren müssen, eine geringere Resonanz finden als wenn diese, gut platziert, alleiniger Blickfang wären.)
- Werbeort: Ladengeschäfte (z. B. Schaufenster), Bildungseinrichtungen (z. B. Schulen, VHS, Universitäten), Szenenkneipen und andere Lokale, Tankstellen, kirchliche Einrichtungen, Bibliotheken, Sport- und Kultureinrichtungen (z. B. Theater, Vereinsräume), Unternehmen, Behörden (z. B. Kulturamt, Touristeninformation)

Beispiel(e) für Flyer- / Handzettelwerbung:

– Motiv: Buchcover, Zitate, Termine
– Größe: handliches Format, z. B. Scheckkartenformat (Mitunter ist der Druck von Flyern teurer als von Visitenkarten, deshalb lohnt es sich, die Gestaltung und das Format gut zu überlegen.)
– Verteilung: 2 bis 4 Wochen vor der Lesung
– Werbeort: Buchhandlung an der Kasse, Ladentheke im Geschäft, Tankstelle. (Denken Sie auch daran, Flyer mit Ihren Buchangaben während der Lesung am Veranstaltungsort auszulegen.)

Mit Plakaten und Flyern ist es nicht getan. Schalten Sie Anzeigen, günstigenfalls in Kooperation mit anderen. Gehen Sie dabei jedoch nicht willkürlich vor, prüfen Sie vorab grundsätzlich das Preis-Leistungsverhältnis. Schließlich führen viele Inserate nicht automatisch zu höheren Publikumszahlen.

Planen Sie vor der Lesung gezielte Presseaktivitäten.

– Erstellen Sie sich einen Verteiler mit Angaben des Ansprechpartners mit zuständigem Ressort (z. B. von Tageszeitungen, Anzeigenblättern, Stadtmagazinen, Studenten- / Szenenkneipen, Lokalrundfunk und -TV).
– Verschicken Sie eine kurze Pressemitteilung (Veranstaltungshinweis) und einen ausführlicher Artikel (Informationen zum Buch mit Beispielrezensionen, Leserstimmen sowie eine Leseprobe, Informationen zum Autor mit Autorenfoto)
– Bieten Sie Gratisexemplare für Leseraktionen an

- Erbitten Sie ein Belegexemplar bei Veröffentlichung.
- Verteilung: 1.Versand etwa 2 Wochen vor Lesung, 2. Versand etwa 1 Woche vor Lesung

Sie und Ihr Buch haben es verdient, dass Ihre Lesung ein Erfolg wird. Lassen Sie es nicht an organisatorischen Details scheitern.

Phase der Vorbereitung (wer / wann)	
Ausrichter:	– Veranstalter / Sponsor
Presse:	– Auswahl des Verteilers – Erstellung Mitteilung und Versand
Plakate / Flyer:	– Gestaltung – Auswahl der Auflagenhöhe – Klärung Druckdetails – Festlegen der Verteilung (wer, wann, wo)
Ticketverkauf:	– Ticketverkauf (wer, ab wann) – Vorverkauf ja / nein
Ausgestaltung:	– Einholung der Erlaubnis zur weiteren Werbung (z. B. Aufhängen von Plakate im Veranstaltungsraum, Auslegen von Flyern) – Klärung von Details (z. B. Hintergrund)
Buchverkauf:	– Erlaubnis für Buchverkauf am Tag der Lesung einholen – Wechselgeld einplanen

Phase der Durchführung (wer / wann)	
Einlass:	– Festlegung (wer, ab wann)
Equipment:	– ist vorhanden und funktionstüchtig (z. B. Mikrofon, Beleuchtung, Tisch, Stuhl, Brille, besondere Requisite)
Ausgestaltung:	– Hintergrundgestaltung (z. B. Bilder von Buchcover, Musik)
Buchverkauf:	– Hinweis auf Buchverkauf, Signierstunde (Inhalt einer Widmung überlegen, funktionstüchtigen Stift parat halten)
	– Buchverkauf an zentraler Stelle wie Ausgang (einer verkauft, einer kassiert)
	– ausreichende Anzahl an Bücher für den Verkauf bereithalten sowie zusätzliche Bestellzettel, falls die Nachfrage größer ist
Diskussion:	– Anschließende Diskussion anbieten (nicht aufzwingen)
	– eventuell separaten Raum für anschließende Gespräche nutzen
Bewirtung:	– Bewirtung ja / nein (ggf. Bestellung und Annahme der Lieferung)
Beginn:	– Anmoderation
Inhalt:	– repräsentatives Lesestück (maximal 45 Minuten; nicht den Ausgang verraten)

Ende:	– Abmoderation
Phase der Nachbereitung	
Vorbereitung:	– erfolgreich war ... – Optimierungsbedarf besteht bei ...
Durchführung:	– erfolgreich war ... – Optimierungsbedarf besteht bei ...

Nun bleibt Ihnen nur noch, auf Ihren großen Tag zu warten. Damit Ihnen die Zeit bis dahin verkürzt wird, haben Sie sich eigentlich bereits Gedanken gemacht, was Sie anziehen? Liebe Autorinnen, bitte geraten Sie jetzt nicht in Panik. Ihr Schrank ist definitiv voll und Ihr Publikum bemerkt garantiert nicht, ob Ihre Kleidung schon zweimal getragen oder über Ihre Verhältnisse speziell zu diesem Anlass gekauft wurde. Doch es ist schon klar, dass braune Schuhe nicht gleich braune Schuhe sind und eine unscheinbare Schnalle die Macht hat, Ihr gesamtes Outfit zu zerstören. Bleiben Sie sich dennoch treu.

Leser wünschen sich einen Autor zum Anfassen und Sie wünschen sich Leser für Ihr Buch. Gespräche können Ihnen neue Ideen geben, deshalb denken Sie nicht nur in Verkaufszahlen. Aus diesem Grund sollten Sie dankend Einladungen annehmen, in denen Sie als Gastredner für Benefizveranstaltungen vorgeschlagen wurden und sich über die zuteil gewordene Ehre freuen, sofern Sie es mit Ihrem Gewissen vereinbaren können.

- Sonstige Events

Was fällt Ihnen spontan als Event für Bücher und deren Leser ein? Die Teilnahme an einer Buchmesse? Eine hervorragende Idee, doch bei Weitem nicht die einzige Möglichkeit. Nutzen Sie verschiedene Veranstaltungen, um sich und Ihre Bücher zu präsentieren.

Anbei nur eine kleine Auswahl:

Non-Book-Events
- z. B. Hunde-, Spielzeug-, Gartenausstellung
- Bieten Sie einen Vortrag / Workshop passend zum Veranstaltungsthema an.
- Ihr Buch kann ebenso für den Veranstalter als Werbegeschenk für seine Besucher dienen.
- Sie können thematisch passende Bücher auf dem Event verkaufen. Das hat den Vorteil, dass Sie von vornherein auf interessierte Besucher treffen, jedoch wenig Konkurrenz befürchten müssen.

Buch- und andere Messen
- z. B. Buchmessen oder Messen der Druckindustrie
- Buchmessen bieten nur eine begrenzte Möglichkeit für einen Vertragsabschluss, da die Verlagsmitarbeiter hauptsächlich dafür da sind, die eigenen Titel anzubieten. Sie dienen insofern nicht dem Verkauf, sondern dem Aufbau von Beziehungen, dem Kennenlernen der Konkurrenz und ihrem Verlagsprogramm. Darüber hinaus bieten sich

die Chancen, Kontakte hinsichtlich Übersetzungen, Filmrechte und Verlagsdienstleistungen zu knüpfen.

– Überlegen Sie, inwiefern Ihnen eine Teilnahme mit Ihren eigenen Büchern lohnenswert erscheint. Wägen Sie Kosten und Nutzen ab. Behalten Sie dabei auch die Bedingungen Ihres Verlagsvertrages im Blick. Gemeinschaftsstände mit anderen Autoren oder einem Verlagsdienstleister helfen Kosten bei den Standgebühren zu sparen. Haben Sie sich zu einer Teilnahme entschlossen, ist es notwendig, die Aufmerksamkeit der Buchhändler zu gewinnen. Bemühen Sie sich, einzigartig zu sein, denn Bücher haben interessanterweise alle Aussteller. Verteilen Sie, wo es erlaubt ist, Lesezeichen und Werbezettel. Versuchen Sie sich von anderen abzuheben.

– Platzieren Sie im Hintergrund auffällig Ihr Buchcover, gegebenenfalls Angaben zum Buch.

– Denken Sie über Werbegeschenke nach, die Sie von anderen abheben (z. B. Ihr Buchcover auf einem Notizkalender, Lesezeichen mit Autogramm).

– Achten Sie beim Verkauf von Büchern auf die Buchpreisbindung. Sofern kein Verkauf erlaubt ist, notieren Sie die Bestellwünsche und liefern Sie nachträglich aus.

– Prüfen Sie die Teilnahmemöglichkeiten und Chancen auf anderen Ausstellungen wie der Reise- und Immobilienmesse. Sponsern Sie bspw. mit dem ersten Buch einer Reihe den Gewinn einer Verlosung.

- Sales Promotion / sonstige Aktivitäten

Nun ist es nicht unser Anliegen, dass Sie durch das vorliegende Buch ein Perfektionist hinsichtlich Werbefachsprache werden. Von zwei Wörtern sollten Sie dennoch einmal gehört haben, werden Sie Ihnen möglicherweise noch des Öfteren begegnen.

push	Bemühungen, Grossisten und Einzelhändler für die Aufnahme und den Verkauf des Buches zu gewinnen z. B. höhere Gewinnspanne, kostenlose Lieferung, pop (Point-of-purchase Material), z. B. Ladenbeschilderung oder Display, Autogrammstunde
pull	Bemühungen, Leser als Kunden des Buchhandels zu gewinnen z. B. Gutscheine, Leseproben, Werbung

Das klingt zunächst noch recht einfach und übersichtlich. Es kann sein, dass Sie zu der Erkenntnis gelangen, dass Sie an dieser Stelle Unterstützung benötigen. Das ist nicht tragisch, es gibt Unternehmen, die sich speziell darauf spezialisiert haben. Prüfen Sie allerdings in jedem Fall Ihr Budget. Jegliche Aktivität soll und muss grundsätzlich im Verhältnis stehen. Bevor Sie nach einem Blick in die eigene Geldbörse vollständig demotiviert sind, hier einige Anregungen, die wir bei Ihren Autoren-Kollegen fanden.

Online-Buch-Shops

Die meisten Online-Buch-Shops beziehen Ihre Bücher über Großhändler. Das bedeutet, Sie haben kaum Chancen aufgeführt zu werden, sofern Sie bei diesen nicht gelistet sind. Dennoch ergibt sich bei vielen Shops die Möglichkeit, Ihre Bücher auch als separater Händler anzubieten, sogar inklusive Coverabbildungen, weiterer Informationen und Rezensionen. Beachten Sie, welche Angebote kostenpflichtig sind und behalten Sie die Buchpreisbindung im Blick.

Anrufbeantworter

Es gibt Gegner und Befürworter. Sofern Sie jedoch ohnedies einen Anrufbeantworter haben, warum nutzen Sie ihn nicht gleichzeitig auch als Werbemedium? Wenn schon der Anrufende wissen darf, ob Sie sich gerade im Urlaub befinden oder nur mal eben nicht da sind, dann sollte er auch Ihre nächsten Termine von Lesungen und Signierstunden erfahren. Denken Sie allerdings daran, diese Informationen aktuell zu halten.

Eine weitere Möglichkeit ist, Ihren Anrufbeantworter mit einem Auszug aus Ihrem Buch zu besprechen. Klingt zunächst ungewöhnlich, doch spricht eigentlich nichts dagegen, die Anrufer, die Sie vergeblich versuchten zu erreichen, nach der eigentlichen Botschaft mit einer Lesung zu entschädigen. Theoretisch können Sie dafür sogar eine kostenpflichtige Rufnummer beantragen, an der Sie mitverdienen und es als Ihre Literaturverkaufsstrategie deklarieren, doch dachten wir mehr an eine kostenlose Zugabe.

Faxabruf

Es gibt bereits die diversesten Möglichkeiten, sich Informationen per Faxabruf zu bestellen. Selbstverständlich können Sie auch diese Form an Werbung für sich nutzen. Doch einerseits bedarf es dazu ein wenig technisches Verständnis, andererseits müssen Sie bemüht bleiben, nicht mit unseriösen Zeitgenossen verglichen zu werden. Insbesondere bei ungewöhnlichen Angeboten kann das passieren, so gut Sie es auch meinten.

Briefbögen

Briefbögen sind eine fantastische Möglichkeit, beiläufig Werbung zu platzieren. Neben Logo, Adressangaben, Telefon / Fax, URL und eMail-Adresse ergibt sich die Chance, auf die Bestellmöglichkeiten hinzuweisen.

Darüber hinaus können Sie auf Seitenrändern und Rückseiten sowohl Zitate aus dem Buch als auch Leserstimmen, Zeitungskritiken, aktuelle Terminhinweise, erhaltene Preise und Auszeichnungen etc. platzieren.

Bitte achten Sie auf die Lesbarkeit, die durch buntes Briefpapier und vielfältige Schriftexperimente arg beeinträchtigt werden kann. Maximal 3 Schriftarten und 2 Größenvarianten lautet eine häufig gelesene Empfehlung. Nach erster kritischer Betrachtung Ihres Briefpapierentwurfes, können Sie am besten abschätzen, wie die Botschaften wirken. Probieren Sie verschiedenes aus und Sie werden den für Sie optimalen Weg finden.

Visitenkarten

Sie haben Visitenkarten? Wie sehen diese aus? Name, Anschrift, eMail, URL, Telefon, Fax? Mehr nicht? Sie müssen doch zugeben, dass es schade wäre, würden sich Ihre Karten nicht wirklich von vielen anderen unterscheiden. Und was ist mit der leeren Rückseite? Da bietet sich doch geradezu noch gestalterischer Freiraum an. Sie können ein Bild von Ihnen als Autor oder dem Buchcover, Cartoons, Business-Witze aufbringen, Angaben mit Bestellmöglichkeiten oder Links zu weiteren Informationen und Downloads. Machen Sie Ihre Visitenkarte unverwechselbar, vielleicht auch zum Sammelobjekt mittels Zitate aus Ihrem Buch auf der Rückseite. Dafür ist es nun zu spät? Gewiss nicht, eine Visitenkarte, auf deren Rückseite eine persönliche Notiz des Autors steht, hat doch auch einen gewissen Charme oder etwa nicht?

Außenwerbung

Außenwerbung begegnet uns tagtäglich in Form von Plakaten an Bushaltestellen, Litfaßsäulen, in Plakatvitrinen, als Werbung auf öffentlichen Verkehrsmitteln, Fahrzeugen, Mülleimern, Parkscheinen oder als Leuchtreklame z. B. an Fassaden und Uhren. Sie sieht mächtig, auch unerschwinglich aus und ist es nicht unbedingt. Rechnen Sie Ihr vorhandenes Werbebudget aus und lassen Sie sich ein Angebot geben. Sie werden erstaunt sein, dass gelegentlich diese Art an Werbung kostengünstiger ist als jegliche von Ihnen bisher unternommenen Versuche, Leser mit Vorabdrucken und Werbegeschenken zu begeistern. Ob sie sich als effektiv erweist, hängt mit einer Portion Glück zusammen, aber auch vom Ort der Platzierung ab. Bevorzugen Sie wieder die Orte, an denen Sie mit Gewissheit auf Ihre Zielgruppe treffen. Das können belebte Plätze, Unterführungen, Einkaufsstraßen, vor Kindereinrichtungen, Kirchen, Bibliotheken, Kulturstätten oder auch an Haltestellen sein.

Der Werbefläche angemessen sind auch die Formate wie Großplakatwände (ca. 18/A1), City-Light-Poster (ca. 118,5 x 175 cm), Litfaßsäulen (ca. A1) und Sonderformen für Baugerüste und Fassaden.

Achten Sie bei der Gestaltung darauf, dass die Plakate auch in Sekunden aus einer großen Reichweite erkennbar und Signalwörter lesbar sind. Verlieren Sie sich deshalb nicht in gestalterische Details, 5 Wörter in angenehmer Schriftgröße und ein markantes Hintergrundmotiv sind ausreichend. Da Plakatwände oft durch parkende Autos teilweise verdeckt sind, empfiehlt sich, die Botschaft im oberen Drittel zu platzieren. Doch was ist markant, was gut sichtbar? Testen Sie Ihre Werbung. Das geht bereits mit einfachen Mitteln, wenn Sie Ihr Plakat maßstabsgerecht verkleinert ausdrucken und einen flüchtigen Blick riskieren. Je länger Sie benötigen, um Details zu erfassen, desto mehr Optimierungsbedarf ergibt sich für Ihre Werbebotschaft.

Auch kleine Plakate können durchaus Ihren Zweck erfüllen, indem sie in Schaufenstern oder an Eingangstüren auf Ihr Buch oder Ihre Lesung hinweisen. Besonders eignen sich Orte, an denen sich Menschen längere Zeit aufhalten, z. B.

Arztpraxen und Behörden. Vergessen Sie auch hier nicht, dass es die Leser interessiert, wo Sie Ihr Buch kaufen können. Die Gestaltung des Plakates entspricht dem gleichen Prinzip: Weniger ist mehr. Als Größe empfiehlt sich bis A3 in der Papierstärke ca. 120g. Sie können die Haltbarkeit des Plakates verstärken, indem sie es bspw. auf einen stabilen Untergrund kaschieren oder in herkömmlicher Art laminieren. Probieren Sie verschiedene Varianten aus. Wenn das Plakat Ihre Aufmerksamkeit erreichen würde, wird es auch bei Ihren Lesern gelingen.

Verkehrsmittelwerbung
So wie im Außenbereich können Sie selbstverständlich auch im Innenbereich der Verkehrsmittel werben. Sie tun allerdings gut daran, wenn Sie sich vertraglich mit den Verkehrsmittelbetrieben einigen und nicht bei einer günstigen Gelegenheit einfach loslegen.

Nutzen Sie Ihren eigenen PKW als Werbemittel, rechnen Sie damit, dass Sie auch angesprochen werden. Wie praktisch, wenn Sie in dem Augenblick Ihren Kofferraum öffnen können und ein Exemplar vorrätig haben. Mindestens aber einen Flyer, in dem weitere Informationen auch zum Erwerb enthalten sind. Sofern Sie Ihren PKW als gezieltes Werbemittel einsetzen, sollte Ihr Auto oft dort zu sehen sein, wo sich Ihre Zielgruppe aufhält.

Sonstige gedruckte Werbemittel

Flyer sind eine bewährte Variante, notwendige Informationen an die Zielgruppe zu verteilen. Postkarten mit Cover- bzw. Titelheldabbildung oder Auszügen aus dem Buchinhalt, gegebenenfalls angereichert mit witzigen Sprüchen und bibliografischen Angaben, sind eine hervorragende Möglichkeit auf Ihr Buch aufmerksam zu machen.

Spätestens nach Ihrem nächsten Buchmessebesuch haben Sie eine Menge Ideen. Während Sie allerdings Ihre eigene Werbemittelserie kreieren, sollten Sie bereits darüber nachdenken, auf welchem Weg bspw. Ihre frisch designten Postkarten zu Ihrer Zielgruppe finden. Keinen Einfall? Macht nichts. Gehen Sie doch mal wieder in eine Szenekneipe. Da kommen bekanntlich die besten Ideen...

Zusammenarbeit

Eventuell haben Sie im Verlaufe Ihrer Überlegungen bemerkt, dass es praktisch wäre, bei dem einen oder anderen Thema unterstützt zu werden. Suchen Sie sich passende Partner, bspw. in literarischen Netzwerken und Foren. Auch der Weg in Literatur- und Kulturhäuser ist zu empfehlen. Dort sind Plakatwerbungen mehrheitlich erlaubt und gegebenenfalls ergibt sich für Sie auch die Möglichkeit, eine Lesung zu veranstalten. Die Zusammenarbeit mit Hotels sollten Sie ebenfalls in Erwägung ziehen. Sie können sich nicht vorstellen warum? Nun, auf dem Nachttisch liegt meistens das 'Neue Testament', gelegentlich auch Werbung aus dem Ort.

Es wäre doch nicht schlimm, wenn dort auch eine Leseprobe aus Ihrem Buch liegen würde, oder?

Auch andere Unternehmen können Ihre Partner sein, die einen Bedarf an größeren Abnahmemengen signalisieren. Ein Buch über das erfolgreiche Verkaufen verteilt sich bspw. auf einer Vertriebstagung ebenso gut wie ein Buch über Säuglingsverhalten in der Schwangerschaftsgruppe. Welcher Ansatz würde sich denn für Ihr Buch ergeben?

Wenn Sie sich alleine unsicher fühlen, schließen Sie sich mit anderen Autoren zusammen, um gemeinsam erfolgreiche Verkaufsstrategien zu entwickeln.

Ebenso bieten Internetforen Austauschmöglichkeiten. Achten Sie allerdings darauf, dass Sie Ihre eigene Strategie entwickeln und nicht nur an profitablen Konzepten anderer mitwirken. Ihr Buchhändler des Vertrauens sollte in Ihre Gedanken einbezogen werden. Mehrheitlich hat er den größeren Einblick in das praktische Geschehen. Falls es ihn noch nicht gibt, dann beginnen Sie mit der Suche nach einer Buchhandlung, die thematisch am besten zu Ihrer Zielgruppe passt und sprechen Sie den Filialleiter an. Er will schließlich Bücher verkaufen und Sie wollen Ihr Buch vermarkten. Wie praktisch. Bevor Sie aber den Buchhändler als Ihren ultimativen Freund erkennen und mit Werbematerialien überhäufen, fragen Sie ihn, was er für sein Geschäft am zweckmäßigsten erachtet. Werbung kann am Verkaufstisch, neben dem Regal, im Kassenbereich oder im Schaufenster wirkungsvoll sein. Vielleicht sind es Deckenhänger, textile Banner, kaschierte Plakate, eventuell aber auch Landesfahnen oder ein Pappaufsteller, gegebenenfalls sogar nur eine Anzahl Ihrer Bücher, die kunstvoll ausgerichtet sich selbst in Szene setzen. Sie können den Blickfang für Ihr Buch im Laden aber auch bei Veranstaltungen bilden. Bieten Sie dem Buchhändler an, nicht nur aktiv an der Bewerbung Ihrer Neuerscheinung mitzuwirken, sondern auch zu geplanten Ereignissen wie Geschäftsjubiläen beizutragen, indem Sie Bücher als Lesergewinne bereitstellen. Möglicherweise treffen Sie auf einen Buchhändler, der einen Sinn für Multimedia hat? Bieten Sie ihm eine Leseprobe auf der Internetseite der Buchhandlung an. Sie kann sowohl als PDF, aber auch im Audio-Format das Interesse der Leser wecken. Gegebenenfalls bietet die Buchhandlung als Highlight monatliche Chats oder Interviews mit Autoren an? Warum sollten Sie nicht gemeinsam mit der Buchhandlung passend zu Ihrer Neuerscheinung davon profitieren? Sie bemerken, wie wichtig es ist, mit dem Buchhändler in das Gespräch zu kommen.

Eventuell ergeben sich auch andere Gelegenheiten einer Zusammenarbeit. Schreiben Sie bspw. ein Buch über Naturschutzgebiete, könnten Unternehmen der Branche durchaus Interesse haben, Ihr Projekt zu unterstützen. Gehen Sie mit wachen Augen durch das Leben.

Vermarktung des Covers und der Titelfiguren sowie deren Aussagen

Ob auf Lesezeichen, Kaffeebechern, T-Shirts oder anderen Werbematerialien, alle bieten den Platz, Ihre Titelfiguren und Zitate aus Ihrem Buch erfolgreich zu vermarkten. Das kann im Sinne des Verkaufens, aber auch mit der eigenen Verwendung passieren. Gehen Sie mal mit wachen Augen auf die Buchmesse. Sie werden rasch feststellen, dass es selbstverständlich Menschen gibt, die im Anzug oder Kostüm aus einer Tasse mit Goldrand trinken. Doch es gibt auch die anderen und seien es engagierte Studenten, die (wo erlaubt) auffällig - unauffällig ein wenig dafür sorgen, dass sich Ihr Buch in den Köpfen der Leser einprägt. Wie groß ist eigentlich Ihre Familie?

Mitgliedschaften

Nicht nur Sie benötigen Unterstützung, andere können Sie mit Ihrem Wissen begeistern. Überlegen Sie, welche Vereinigungen und Internetforen sich für Sie anbieten. Vergessen Sie nicht, Ihre Vita mit den Buchangaben anzureichern.

Leseproben

Sofern Sie Leseproben auslegen, sollten diese ein Bestellformular mit einem Code beinhalten. Der Code wird Ihnen verraten, durch welche ausgelegte Leseprobe die Bestellung erfolgte. Das hat nichts mit Datensammeln zu tun, sondern mit einem gezielten Analysieren, welche Werbestrategie erfolgreich war. Doch wohin mit den Leseproben? In die Presse, in Magazine, in Veranstaltungsbroschüren oder in das

Internet. Kurzausgaben eignen sich wiederum als Auslage für das Hotel oder auch als Werbegeschenk. Man sieht übrigens gelegentlich 'liegengelassene' Leseproben, bevorzugt in Straßenbahnen und an U-Bahn-Haltestellen. Bitte denken Sie daran, dass diese Art an Werbung in der Regel verboten ist.

Gratisexemplare

Gehen Sie mit Freiexemplaren überlegt und nicht allzu großzügig um. Bedenken Sie, mit jedem Buch verschenken Sie auch einen Wert. So wäre es doch schade, wenn Sie Ihr Buch jemandem schenken, beinahe aufdrängeln, der es nicht zu schätzen weiß. Sondieren Sie also, abgesehen von privaten Schenkungen, wessen Interesse Sie wecken möchten, der auch Multiplikator sein kann, z. B. Bibliotheken, Kindereinrichtungen, Kirchen, Politiker, Krankenhäuser, Interessenvereinigungen, Reisebüros, Vereine und Unternehmen. In Buchhandlungen sollten Sie ein Gratisexemplar grundsätzlich mit dem Angebot einer Lesung hinterlegen. Das trifft für Sie nicht zu, weil Sie sich mehr im Fachbuchbereich bewegen? Nun, Sie haben Recht, Sie sollten nach einem geschriebenen Excel-Buch nicht unbedingt Ihr Publikum mit dem Vorlesen von Formeln und Funktionen aus Ihrem Buch beglücken. Doch glauben Sie nicht, dass es Ihnen gelingt, dass eine humorvolle Präsentation des Themas die Leserschaft in den Bann ziehen könnte?

Online-Magazine und andere Medien

Insbesondere Online-Magazine eignen sich dazu, selbstverfasste Beiträge einer breiten Leserschaft vorzustellen. Obgleich dieser Einsatz selten mit Honorar belohnt wird, für Ihre Publicity haben Sie definitiv etwas getan.

Sollte sich die Möglichkeit für ein Interview beim Hörfunk und TV ergeben, nutzen Sie diese Chance.

Vergessen Sie nicht, Pressemitteilungen an die Lokalpresse zu senden. Gestalten Sie Ihre Pressearbeit zielgruppenaffin. Überlegen Sie, welche Presseerzeugnisse Ihre Zielgruppe liest. Nur dort können Sie mit einer Pressearbeit langfristig Erfolg haben. Im Zeitalter des Internets haben selbstverständlich auch Newsletter einen nicht unbeachtlichen Stellenwert. (In diesem Buch werden Sie einige Anregungen dazu finden.)

Doch wägen Sie Kosten und Nutzen gut ab. Kostenpflichtige Anzeigen und Artikel in Fachjournalen, Beiträge und Interviews in TV sowie Rundfunk gibt es wohl und sind sicherlich ein geeignetes Mittel für ein Unternehmen. Allerdings ist die Resonanz auf eine Buchwerbung oft sehr gering. Stellen Sie sich die Frage, wie viele Bücher Sie verkaufen müssen, um die Ausgaben wenigstens gedeckt zu haben. Wenn Sie dann noch immer von dem Werbeformat überzeugt sind, wird es das geeignete Mittel sein.

Mund-zu-Mund-Propaganda

Aber sicher doch! Mund-zu-Mund-Propaganda ist die beste Werbung. Sie kostet nichts und hat den größten Effekt. Oder haben Sie etwa noch nie einer Empfehlung nachgegeben? Haben Sie noch nie etwas gekauft, von dem Sie zuvor noch gar nicht wussten, dass Sie so etwas brauchen? Das Gehörte weckte einfach Ihre Neugierde. Oh nein, damit sind keine Käufe gemeint, die man tätigt, damit eine aufdringliche Person endlich Ruhe gibt. Schaffen Sie also ein Buch, über das man spricht. Worüber spricht man? Worüber sprechen Sie denn? Provokationen durch Tabubruch, Feindbilder, Peinlichkeiten oder über ein aktuelles Ereignis? Und worüber möchten Sie schreiben? Wenn sich Ihr Buch nicht über den Inhalt definieren kann, ist es vielleicht ein raffiniertes Äußeres, die Verpackung, die Vertriebsstrategie oder der Preis (z. B. 22,22 Euro), die es unverwechselbar macht.

Unterschiedliche Buchformate

Ein Buch ist ein eckiges Etwas mit einigen Seiten und steht im Regal - oder gar nicht eckig und wird zum Lesen am Monitor angezeigt oder geht es gar nicht ums Lesen, sondern ums Hören? Ein Buch ist eben nicht mehr ein Buch im herkömmlichen Sinne, sondern kann unterschiedliche Formen annehmen: Printausgabe, eBook, PodCast / audioBook. Überlegen Sie, inwieweit Sie verschiedene Formate miteinander kombinieren möchten, bspw. kostenlos als eBook und kostenpflichtig als Printversion. Sie werden sagen, wer es kostenlos haben kann, wird es nicht mehr kaufen? Statistiken belehren uns. Jene, die von einem eBook überzeugt sind, kaufen auch eine Printversion. Sie verschenkt sich im Übrigen auch besser.

Werbefläche am Buch

Sicherlich haben Sie bereits Bücher in den Händen gehalten, die Werbung auf einer Seite hatten, meistens die nächsten Neuerscheinungen des Verlages. Doch bevor Sie sich mit dem Vertrieb weiterer Bücher beschäftigen, wäre es ja interessant, die Leser auf das bereits vorhandene aufmerksam zu machen. Dazu benötigen Sie ein Reizsignal. Dafür eignen sich auffällig farbige Bauchbinden. (Als Bauchbinde wird der Papierstreifen bezeichnet, mit dem manches Buch eingeschlagen ist.) Mit wenigen Worten können Sie auf so einer Bauchbinde das Kaufargument anbringen. Beachten Sie jedoch, dass der Buchtitel nicht bzw. maximal nur 1/5 verdeckt ist. Und was schreibt man darauf? Schauen Sie doch mal, wie Ihre Kollegen diese Möglichkeit nutzen. Sie werden sehr unterschiedliche Varianten finden. Wichtig ist, dass Sie grundsätzlich Interesse wecken. Warum soll denn der Leser, der am Regal vor vielen Büchern steht, ausgerechnet Ihr Buch in die Hand nehmen? Weil es durch die quietschgrüne Bauchbinde aufgefallen ist. Ok und nun? Wenn Sie nun kein Kaufargument liefern, hätte das Buch noch so schön sein können, der Leser wird es wieder weglegen. Eventuell ist das Buch 'spannend bis zur letzten Seite' oder auch 'von den Mitarbeitern der Gemeinde persönlich empfohlen'? Dann sagen Sie es doch. Ein besseres Argument wird sich für mich als Leser gar nicht ergeben, das Buch nun selbst aufzuschlagen, um mir ein eigenes Urteil zu bilden. Bei einem Blick in Ihren Bücherschrank werden Sie gewiss noch einige Ideen mehr erhalten. Doch bitte, lassen Sie niemanden ein Buch empfehlen, der nichts davon weiß. Es könnte durchaus sein, dass Sie einigen Unmut auslösen, wenn auf Ihrem Titelcover der Schriftzug 'Unser Bürgermeister hätte das Buch auch empfohlen' glänzt und dieser womöglich ganz anderer Meinung ist.

Autogrammstunde

Autogrammstunden können sich anbieten, müssen aber nicht. Sind Sie schon mal an einem kleinen Messestand mit einem beklemmenden Gefühl vorbei gelaufen, weil es Ihnen unangenehm war, dass in diesem ein Verlagsmitarbeiter scheinbar hilflos verlassen saß, während sich an anderen Ständen die Besucher drängelten? Das kann Ihnen ebenso passieren. Als Neuling kennt Sie kein Mensch und selten möchte jemand den Anfang machen. Und da sitzen Sie bei Ihrer Autogrammstunde und sitzen und warten... Betten Sie eine Autogrammstunde in eine Veranstaltung ein und begeistern Sie das Publikum. Anderenfalls bleibt Ihnen nur einen künstlichen Menschenauflauf mit all Ihren Freunden und Bekannten zu erzeugen. Eine Strategie, gewiss, die sogar erfolgreich sein kann. Doch denken Sie auch über reizvolle Varianten nach.

Bestellcoupons mit Rabatt und Gutscheine

Aber sicher sind Leser auch an Rabatten interessiert. Bitte beachten Sie jedoch stets die aktuelle Rechtsprechung zur Buchpreisbindung. So sind in der Regel allgemeine Rabattierungen für Neuerscheinungen nicht mehr zulässig und die vielen noch gut bekannten Hörerscheine gänzlich aus dem Umlauf.

Spektakulärer geht es auch

Wir sind uns einig, je spektakulärer, desto mehr Aufsehen. Nicht ohne Grund sehen Sie am Himmel Werbezeppeline oder Leichtflugzeuge mit Fahnen, meistens mit Slogan von Möbelhäusern oder Zirkusunternehmen. Aber sicher kann darauf auch Ihr Buchtitel stehen. Überlegen Sie, was Sie spektakuläres tun könnten, damit die Leute über Sie und Ihr Buch sprechen. Es muss ja nicht gleich ein Flugzeug sein. Haben Sie schon mal was vom Prinzip der freigelassenen Bücher (Book-Crosser) mit auf der Straße hinterlegten Büchern zur kostenlosen Mitnahme oder auch von Büchern aus dem Automaten gehört? Suchen Sie mal danach im Internet, Sie werden staunen.

Zur richtigen Zeit das passende Buch

Gegebenenfalls kennen Sie die Situation. Eine Idee wurde geboren und zwang Sie förmlich, das Buch, Ihr Buch zu schreiben. Freunden und Bekannten, denen Sie davon erzählten, bestärkten Sie sogar in Ihrem Vorhaben. Als Sie dann nach Monaten das formvollendete Werk vorstellen wollten, schien es gar niemanden zu interessieren.

Es ist einleuchtend, dass besondere Ereignisse im Leben oder Fernsehen den Abverkauf von Buchtiteln beeinflussen. Vielleicht gab es auch in Ihrem Leben bereits die Situation, von dem 50jährigen Bühnenjubiläum eines Schauspielers zu hören und kurz darauf dessen Biografie in einer Buchhandlung wahrzunehmen, obwohl die dort bereits seit Monaten vorrätig war.

Boomen also im TV derzeit Sendungen über Alternativmedizin, bestehen berechtigte Chancen zur Annahme, dass auch Ihrem Buch zur Alternativen Heilkunst Beachtung geschenkt wird. Was nützt Ihnen das aber für den Augenblick, wenn sich Ihr Buch bei Ihnen stapelt und diese Art an Kaufanreizen gerade nicht existiert? Nun, es vermittelt Ihnen die Botschaft, Geduld zu haben. Manches Buch scheint für den einen Moment schier unverkäuflich und nach einem Jahr ergeben sich wie durch ein Wunder erfolgreiche Absatzzahlen.

Gleiches gilt für ein Manuskript. Sollte der Verlag gegenwärtig an der Thematik Ihres Manuskriptes nicht interessiert sein, wäre es durchaus vorstellbar, dass der gleiche Verlag im Zusammenhang mit einem aktuellen Ereignis durchaus zur Veröffentlichung bereit ist.

Haben Sie also die Geduld, die Zeit für Sie und Ihr Buch wird eines Tages kommen. Wobei wir nicht darauf anspielen, dass manche Literaten unmittelbar nach Ihrem Tod erst wirklich bekannt wurden und die höchsten Verkaufszahlen ihrer Bücher nie erlebten.

Prominente schreiben Ihr Vorwort
Haben Sie ein thematisch definiertes Buch geschrieben, ist es ohne Zweifel fantastisch, wenn es Ihnen gelingt, prominente Personen für sich zu gewinnen (z. B. Ortsvorsteher, Politiker, Sportler, Schauspieler, Musiker, Moderatoren, Theologen, …), die das Vorwort Ihres Buches schreiben. Allerdings sollten Sie es nicht überbewerten, denn derjenige, den Sie unwi-

derstehlich finden, muss noch nicht den Geschmack Ihrer Zielgruppe treffen. Selbst wenn Sie den Sympathieträger Ihrer Leserschaft für Ihr Vorhaben begeistern ... Sie kennen die Medien. Wer heute gefeiert wird, kann morgen bereits in Ungnade fallen oder mindestens in Vergessenheit geraten sein.

Einige Tipps zum Schluss

Bei jeder Werbeaktivität sollten Sie darauf achten, dass Ihre Botschaften tatsächlich auch den Empfänger erreichen. Sinnvolle Werbetexte sind deshalb nicht mit Informationen zu überfrachten. In der Regel wird man sich nur an 2-3 Fakten erinnern. Platzieren Sie deshalb Ihre Kernaussagen am Anfang und wiederholen Sie diese nicht nur in der Mitte, sondern auch am Ende nochmals. Ihre Botschaft verstärken Sie selbstverständlich, wenn es Ihnen gelingt, ein unverkennbares Zeichen mitzuliefern, was Sie und Ihr Produkt von anderen unterscheidet. Schauen Sie mal in ein Antiquariat mit einem Buchregal, in dem die Bücher etwas arg durcheinander geraten sind. Bei einigen Exemplaren werden Sie spontan den Verlag und die Reihe zuordnen können. Doch was haben die, was andere nicht haben? Entwickeln Sie also Ihre eigene, individuelle Marke und bleiben Sie dieser insbesondere treu. Denn Ihre Leser benötigen Zeit, diesen für Sie eindeutigen Wiedererkennungseffekt zu realisieren. Aber was tun, wenn Sie über einen Verlag veröffentlichen und dieser das Cover vorgibt? Dann suchen Sie sich andere Gelegenheiten, in denen Sie von und mit Ihrer Einmaligkeit überzeugen können. Im Übrigen sollten Sie bei allen Aktivitäten Ihren Verlagsvertrag im Blick haben, der möglicherweise Ihr forsches Vorgehen begrüßt, manchmal auch Alleininitiativen untersagt. Im Zweifel, reden Sie mit Ihren Ansprechpartnern, man wird Ihnen gern antworten, schließlich ist es im beiderseitigen Interesse, dass die geschlossenen Vereinbarungen eingehalten werden.

Überzeugen Sie Ihre Leser durch Beständigkeit und Verlässlichkeit. Ob es sich also um literarische Ausflüge in andere Genre oder Experimente im Buchaufbau an sich handelt, ob Sie nun den Versand selbst durchführen und Lieferzeiten von Lust und Laune abhängig machen oder Ihre im Buch gemachten Angaben mal mehr oder weniger umfassend recherchiert sind, irritieren Sie bitte Ihre Leser nicht. Denken Sie stets daran, unter welchen Prämissen Sie selbst Bücher kaufen und welche Faktoren für Sie zu einer Enttäuschung führen. Ist es tatsächlich nur der Preis oder die Aufmachung?

Werbemittel sind kostspielig und mitunter wird billig rasch zu teuer und kostenintensiv durchaus erschwinglich. Halten Sie sich also grundsätzlich Zweck, Kosten und Nutzen vor Augen. Achten Sie - wo möglich - auf eine Wiederverwendbarkeit. Diese ergibt sich meist aus Stabilität und besonderen Eigenschaften. So sind Werbeplakate mit dem aufgedruckten Termin für eine Veranstaltung sicherlich sinnvoll, aber nach der Aktion kaum wieder zu verwenden. Das Papier hat Knicke und der Termin ist schlichtweg veraltet. Wie praktisch, wenn das Plakat aus festem Material und der Termin abwischbar wäre. Warum preisen denn viele Restaurants vor

Ihren Türen auf einer Kreidetafel die Chefkochempfehlung des Tages an? Vermutlich weil dieser seine Kreationen ausleben und nicht jeden Tag das gleiche kochen möchte, mit Sicherheit aber auch, weil es für das Restaurant unerschwinglich werden würde, für jede Chefkochempfehlung ein eigenes Plakat zu drucken. Und dabei reden wir von einem Restaurant, mit einem Chefkoch und einem Tagesgericht. Seien Sie also flexibel und suchen Sie sich dementsprechend flexible Werbeträger. Dennoch gilt, der Zweck heiligt die Mittel und jede Werbung muss diesem und Ihren finanziellen Möglichkeiten angemessen sein.

Zu guter Letzt: Nehmen Sie die Planung Ihrer Werbeaktivitäten ernst. Muten Sie sich sowohl finanziell als auch zeitlich nicht zu viel zu und wollen Sie nicht alles auf einmal. Haben Sie eine Internetseite ins Leben gerufen und mit der Pressearbeit begonnen, dann pflegen Sie diese auch. Bleiben Sie in Ihren Aktivitäten aktuell, gehen Sie mit offenen Augen durch das Leben und gewinnen Sie die Erkenntnis, dass sich immer wieder Anregungen und gleichsam ein Optimierungsbedarf finden lassen.

Pressemitteilungen, Berichte, Rezensionen

Die Zusammenarbeit mit der Presse ist wichtig. Sie ist das Medium, durch welches die Aufmerksamkeit des Lesers erreicht wird. So schlägt sich eine gute Rezension meistens auch in den Verkaufszahlen nieder. Nutzen Sie daher das Netzwerk, welches sich aus Freunden, Kollegen und Nachbarn bietet, gegebenenfalls ergeben sich bereits daraus die Kontakte, die Sie derzeit benötigen.

Zeitungen und Internetseiten haben ein Impressum. Das bietet Ihnen Namen, Telefonnummern und Anschriften von Lokaljournalisten aus Ihrer Branche. Nehmen Sie Kontakt auf. Sofern es sich nicht für Sie erschließt, wer Ihr Ansprechpartner ist, fragen Sie nach. Schließlich sind Sie jemand, nämlich der Autor, und von Verlagsaktivitäten abgesehen, führt der Weg der Presse zu Ihrem Buch nun mal an Ihnen vorbei. Klingt doch gut, oder? Das ist leider kein Grund, sich auszuruhen.

Bevor Sie mit vollem Tatendrang losstürzen, versuchen Sie zunächst für sich selbst die Fragen zu stellen, warum man Ihr Buch kennen und aus einer Vielzahl von Büchern auswählen sollte, um eine Rezension zu schreiben. Es ist wichtig, eine Antwort parat zu haben, denn diese wird Ihr wichtigstes Argument in Ihrer von nun an beginnenden Pressearbeit sein. Und seien Sie auf weiterführende Fragen vorbereitet. Ob Sie nun ein Meister der Rhetorik sind oder einen Zettel mit möglichen Fragen und Antworten vorbereitet bei sich tragen, bleibt Ihnen überlassen. Mit der Zeit werden Sie die notwendige Routine erhalten.

Selbstverständlich können Sie unangemeldet zu dem Sitz einer Zeitung gehen und um das unaufschiebbare Interview mit dem Redakteur xy bitten. Rechnen Sie aber damit, dass Sie nicht weit kommen werden und man bereits am Empfang heftig bemüht sein wird, Sie abzuwimmeln. Mag sein, dass Sie mit Komplimenten über ein schickes Kleid, Blumen passend zum Parfum und Schokolade zur Figur weiterkommen. Doch das klappt nicht immer. Und so manch eine freundlich scheinende Sekretärin kann reflexartig allergisch reagieren. Gehen Sie davon aus, dass alle Bestechungsversuche bereits vor Ihnen mehrfach unternommen wurden. Sie sollten also, wenn schon, dann wirklich sehr originell sein. Ein wenig könnte an dieser Stelle die Männerwelt im Vorteil liegen. Denn Sie werden uns Recht geben, ein charmanter Endvierziger mit grauen Schläfen sowie dezent aufgelegtem Aftershave, womöglich sogar mit den Lieblingsblumen oder Konfekt und den richtigen Worten hat am Tresen der Empfangsdame eine andere Ausstrahlung als eine Frau in gleicher Situation mit ähnlicher Strategie. Ihre gewählte Strategie muss also nicht zwangsläufig Ihnen gefallen, Sie muss insbesondere Ihrem Typ und Ihrem Ansinnen gerecht werden.

Vielleicht geht es aber auch einfacher als gedacht und Sie können die Pressekontakte der örtlichen Buchhandlung nutzen. Vergessen Sie nicht zu fragen, inwiefern Sie in einem späteren Interview oder einer Pressemitteilung auf die Buch-

handlung verweisen dürfen. In der Regel wird sie damit ein-
verstanden sein und sich darüber freuen, doch falls nicht,
respektieren Sie das bitte. Ob Sie nach einem Grund fragen,
bleibt Ihnen überlassen. Gehen Sie aber davon aus, dass man
Ihnen nichts Böses möchte und man nicht immer alles wissen
muss.

Ist der erste Kontakt zur Presse hergestellt, kann es passieren,
dass man Sie zu einem späteren Zeitpunkt telefonisch um ein
Rezensionsexemplar bittet. Fragen Sie in diesem Fall, wer Ihr
Buch lesen wird, um demjenigen eine Nachricht zu hinterlassen. Damit wird das Risiko vermindert, dass das Buch in
irgendeinem Regal verschwindet, was gar nicht verächtlich
gemeint ist. Tagtäglich erreicht die Presse so viel Post, dass
eine Zuordnung ohne Namen mitunter schwer fällt.

Auch wenn man es manchmal meint und insgeheim hofft,
verabschieden Sie sich von dem Gedanken, dass Sie allein auf
der Welt sind und der Redakteur all die Zeit an seinem
Schreibtisch nur auf den Empfang Ihres Werkes gewartet hat.
Wir dürfen Ihnen versichern, in der Regel sind noch mehr
auf die Idee gekommen, ausgerechnet zu diesem Zeitpunkt
ihr ebenso spannendes Buch an die Redaktion zu schicken.
Aber Ihr Buch ist doch anders als die anderen? Stimmt, doch
für den Redakteur ist es zunächst eckig und hat Seiten so wie
die anderen. Machen Sie also auf sich aufmerksam. Bitten Sie
nicht nur deutlich um eine Rezension oder einen Bericht,
legen Sie Ihrem Buchversand neben einem eindrucksvollen
Begleitschreiben, den Klappentext, verfasste Pressemitteilun-

gen, erhaltene Rezensionen und eine Autorenbiografie bei. Im seltensten Fall wird man Sie sofort zurückrufen. Gehen Sie davon aus, dass die Arbeit der Redaktion eigentlich nicht darin besteht, Ihr Buch zu lesen. Selbstverständlich können Sie sich und Ihr Buch nach einer angemessenen Zeit von bspw. 14 Tagen in Erinnerung bringen. Das sollten Sie auch. Tun Sie sich allerdings gleichfalls den Gefallen, üben Sie sich in Geduld und fragen Sie nicht danach, wann nun endlich der Artikel erscheinen wird. Überlegen Sie, wie Sie auf solche Anrufe reagieren würden. Wesentlich netter ist doch die Anfrage, ob Ihr Buch die richtige Person erreicht hat. So haben Sie auf sich aufmerksam gemacht, ohne eine bedrohliche Geste eingenommen zu haben.

Es ist übrigens durchaus legitim, innerhalb Ihres Begleitschreibens sowohl um ein Belegexemplar bei Erscheinen als auch um Rücksendung bei Nichterscheinen zu bitten.
Stopp, auch jetzt sollten Sie nicht blindlings agieren. Wählen Sie die richtigen Medien. Es ist empfehlenswert, zunächst das Interesse der lokalen Medien wie Tageszeitungen, Gemeindeblätter und Stadtmagazine zu wecken. Geeignet sind grundsätzlich jene, die ähnliche Themen bereits behandeln. Selbstverständlich können Sie bei anderen offene Türen einrennen, doch in der Regel hat man sich auf eine Linie geeinigt und bleibt dieser auch treu.

Erinnern Sie sich an eine Logik? Bereits vorliegende Presseberichte und Rezensionen sind die beste Ausgangssituation, nun auch die regionale Presse zu begeistern. Erst danach sollten

Sie bei den nationalen Medien vorstellig werden. Das hat seinen Grund. Sie sind neu, unbekannt und teilen das Schicksal mit vielen anderen Autoren. Bei der lokalen Presse ist das anders. Sie sind noch immer neu, unbekannt, doch aus dem Ort und vielleicht gibt es dort gar nicht so viele Autoren, über die berichtet werden könnte. Mag auch sein, Sie haben ein so spezielles Thema gewählt, dass es für die lokale Presse vollkommen ungeeignet ist. Dann wäre eventuelle eine Fachzeitschrift das richtige Medium. Sammeln Sie Ihre Erfahrungen und geben Sie dem Zufall grundsätzlich eine Chance.

Kennen Sie solche Gedanken wie 'Hatte ich das nun schon erledigt?' Das sollte Ihnen in der Kontaktaufnahme zur Presse nicht passieren. Es wäre immerhin recht peinlich, jemanden nach dem Erhalt des Buches zu fragen, das Sie noch gar nicht abgeschickt haben. Auch wenn Sie in diesem Fall auf die Post schimpfen könnten. Doch mal ehrlich, prozentual gesehen sind die Chancen äußerst gering, dass eine Postsendung verloren ging. Nicht wahr? Und Sie sollten insbesondere vermeiden, eine Redaktion zweimal mit Ihrer Bitte zu beglücken. Auch wenn es menschlich und verzeihlich ist, es wirkt unprofessionell. Bauen Sie sich also Ihren persönlichen Presseverteiler auf und seien Sie darin peinlich genau. Schreiben Sie auf, was Ihnen wichtig erscheint, beispielsweise

- Verlag, Zeitschriften- / Zeitungstitel
- Ressort, Ansprechpartner: Erreichbarkeit, Telefon-, Handy-, Faxnummer, eMail-Adresse
- Zuständigkeit und Interesse: zu welchen Themen, zu welchen Themen definitiv nicht

- Kontaktaufnahmen: Zeitpunkt, Anlass, Ergebnis (wann, mit wem)
- Nächste geplante Kontaktaktaufnahme: wann, warum
- Informationen: überreichte Buchexemplare oder sonstige Unterlagen
- Veröffentlichungen: Berichterstattung, Rezension, Sonstiges

Bedenken Sie bei Ihrem Vorgehen und dem Setzen von Prioritäten, dass Rezensionen in der Regel maximal 2 Monate nach dem Ereignis erscheinen. Da Sie mit Ihrer Buchveröffentlichung ungeplant die festgesetzten Themen der Presse 'durchkreuzen', machen Sie bitte von einer klaren Ansprache Gebrauch. Für unnötige Rückfragen hat keiner die Zeit und wenn Sie erst einmal die Situation kurz vor Abgabe Ihres Manuskriptes durchlebten, können Sie sich vorstellen, wie der Alltag eines Journalisten innerhalb einer Redaktion aussieht.

Doch wie sieht eine optimale Pressemitteilung aus? Wir müssen Sie enttäuschen, denn genau die gibt es nicht. Dennoch existieren gewisse Regeln, die sich im Laufe der Zeit als praktisch erwiesen. Betrachten Sie diese jedoch nicht als Dogma. Es wird immer Abweichungen geben, die genauso ihre Richtigkeit haben. Beachten Sie dabei, dass Pressemitteilungen mit einem Foto automatisch mehr Aufmerksamkeit erhalten. Das geschieht ganz unbewusst und kann den Leser dieser sowohl positiv als auch negativ beeinflussen.

Das Wichtigste vorab: Die relevanten Daten WER, WAS, WANN müssen in wenigen Sekunden vom Redakteur / Journalist erfasst werden können. Diese Sekunden entscheiden auch darüber, inwiefern die Pressemitteilung für interessant gehalten wird.

Aufbau einer Pressemitteilung:

Format:	z. B. linker Rand 2,5 cm, rechter Rand 5-7 cm, oberer Rand 3-4 cm, unterer Rand 2,5 cm, 1 ½ Zeilenabstand
Gesamtlänge:	300 bis 800 Worte, ca. 1.500 bis 2.000 Zeichen, nicht länger als eine A4-Seite
Überschrift:	Presseinformation
Schlagzeile:	Neuigkeit, Titel des Buches, maximal 80 Zeichen
Einführung:	wo, was, wann, warum, wie, maximal 25 Worte
Inhalt:	kurze Sätze, in den ersten 3 Sätzen das Wichtigste (z. B. Nutzen des Buches), 3 bis 4 Zeilen pro Absatz, Verwendung von 1. und 2. Person Singular bzw. 1. Person Plural; Zielgruppe und Kaufargumente
Kontaktdaten des Autors:	Name, Anschrift, Telefon-, Faxnummer, URL

Es muss schon ein großer Zufall sein, wenn Ihnen auf Ihrer Suche genau die Redaktion begegnet, die begierig ist, eine ungeplante Nachricht von einem unbekannten Autoren zu erhalten. So interessant Sie Ihre Pressemitteilung auch verfasst haben, Sie müssen es nun schaffen, dass Ihre Nachricht so viel Aufmerksamkeit erhält, dass sie auch fristgerecht gelesen wird. Schließlich nützt Ihnen ja auch kein Hinweis auf eine Neuerscheinung, wenn die Neuerscheinung schon lange zurück liegt. Jede Nachricht ist mit einem Anlass verbunden. Umso ungewöhnlicher oder spektakulärer der Anlass ist, je größer sind Ihre Chancen auf eine Berichterstattung, z. B. haben Sie möglicherweise eine Auszeichnung erhalten, veranstalten Sie eine Lesung an einem ungewöhnlichen Ort oder widmen sich verstärkt der Nachwuchsförderung innerhalb einer Randgruppe (Schreibkurse, Lesekurse, Beratung). Schaffen Sie also Begeisterung bei der Presse. Wir haben nicht gesagt, dass es leicht ist, es ist aber auch nicht unmöglich.

Gestalten Sie eine ansprechende Pressemappe. Es muss kein Hochglanzpapier sein. Ein einheitliches Layout und Format, mit wenigen wiederkehrenden Schriftarten und Übersichtlichkeit auf jeder Seite sind einfache gestalterische Mittel, die dennoch eine große Wirkung erzielen.
Sie haben Recht, eine Pressemappe, in welcher sich lediglich eine einzelne Pressemitteilung befindet, wirkt eher albern als professionell. Sie haben nichts, womit Sie diese füllen können? Und ob!

Der Inhalt Ihrer Pressemappe besteht schon jetzt aus:
- der Pressemitteilung
- dem Autorenporträt: interessant, humorvoll, Klischee behaftet, Etikettierung wie 'Dschungel-Kenner'; etwa 100 bis 150 Wörter
  - Name, Geburtsdatum
  - Angaben zu Beruf und persönlichen Lebensumständen
  - bibliografische Angaben
  - Begründung, was Ihre Einzigartigkeit in Bezug zu Ihrem Buch ausmacht
  - Porträtfoto
- der Buchvorstellung: Inhaltsangaben, Leseprobe, Klappentext, Preis, Verfügbarkeit, Hintergrundinformationen zum aktuellen Buch; Urheberrechtshinweise, Abbildung des Buchcovers
- dem Hinweis auf aktuelle Veranstaltungen wie Lesungen, Interviewtermine und Projekte

Und wenn Sie einmal begonnen haben, werden Sie bemerken, Sie haben eine ganze Menge zu sagen. Bitte hüten Sie sich jedoch vor leeren Versprechungen. Aussagen wie 'Derzeit arbeite ich an einer mehrbändigen Enzyklopädie über das Leben und Wirken der grünen Waldameisen, die demnächst erscheinen wird.' klingt zwar für den Moment spannend, doch Sie müssen damit rechnen, dass man Sie fragen wird, wann 'demnächst' ist, da man darüber berichten möchte. Es ist mühselig, diese Begeisterung über Jahre Aufrecht erhalten zu müssen. Gehen Sie davon aus, dass man sich auch zu einem späteren Zeitpunkt für Ihr dann tatsächlich vorhandenes Buch interessieren wird und lassen Sie diese Ausführungen derzeit noch weg. Ganz verschweigen müssen Sie es nicht. Sie können bspw. schreiben, dass Sie sich insbesondere mit dem Leben und Wirken der grünen Waldameisen auseinandersetzen, Studien betreiben etc. Haben Sie das Interesse geweckt, wird man Sie im Auge behalten, um eine mögliche Neuerscheinung nicht zu verpassen.

Halten Sie Ihre Pressemappe aktuell. Selbstverständlich können und sollten Sie auf bereits erschienene Rezensionen verweisen, aus ihnen gegebenenfalls auch zitieren. Manche drucken diese sogar auf dem Briefumschlag. Bitte beachten Sie in Ihrem eigenen Interesse auch an dieser Stelle das Urheberrecht und sonstige aktuelle Rechtsprechungen.

Zeigen Sie auch in Ihrer Pressemappe Ihre Kreativität, ohne alle bisherigen Berichterstattungen übertrumpfen zu wollen. Seien Sie wie Sie sind. Das reicht schon.

Ob Sie Ihre Pressemitteilung per Post, Fax oder eMail verschicken, bleibt Ihnen überlassen. Zwischenzeitlich haben jedoch in beinahe jeder Redaktion die elektronischen Kommunikationsmittel Einzug gehalten. Wichtig ist, dass sich die Pressemitteilung vom übrigen Text deutlich abhebt, z. B. durch eine Trennungslinie oder indem Sie klar benannte Dateien der eMail anhängen. Nutzen Sie für den Versand Ihren aufbereiteten Presseverteiler und hüten Sie sich vor blindwütigem Streueffekt. Den erkennt man insbesondere daran, wenn Sie bspw. einem Autojournal Ihre Pressemappe schicken, mit der Bitte um eine Rezension zu Ihrem Buch, welches sich im Wesentlichen mit theologischen Abhandlungen auseinandersetzt. Auch Massenverteiler - wie bereits erwähnt - sollten vermieden werden. Ihre mühevoll gestaltete Pressemitteilung würde sonst rasch als Spam deklariert werden und das sollte keinesfalls passieren. Sofern Sie Unterstützung benötigen, finden Sie im Internet ausreichend Angebote.

Haben Sie daran gedacht, auf Ihrer Internetseite Presseinformationen zur Verfügung zu stellen? Eine kostengünstigere Variante, bei welcher Sie zudem Ihren eigenen Stil zum Ausdruck bringen können, werden Sie kaum finden. Unabhängig von den auch hier geltenden Empfehlungen für eine Pressemitteilung und eine Pressemappe, sollten Sie auf Ihrer Internetseite folgende Presseinformationen zum Download parat halten:

— bibliografische Angaben
— Autorenporträt
— aktuelle Pressemitteilung: Format in *.pdf und *.txt
— Pressespiegel: frühere Pressemitteilungen zum Thema (Holen Sie bitte zuvor bei dem betreffenden Medium die Genehmigung zur Wiedergabe der Veröffentlichung, des Logos oder Titelkopfes ein.)
— aktuelle sonstige Neuigkeiten
— Ansprechpartner für Presse
— weiterführende Links zu angebotenen Infos
— Bildmaterial: informativ, nicht unscharf, nicht zu detailreich, Größe: 9 x 13 cm / Auflösung: 300 dpi; Format in *.jpg oder *.tif

- Format: jeden Bericht auf eine eigene A4-Seite, Vermerk
  zum Medium, Erscheinungsdatum, Auflage)

Hat sich die Presse nicht bei Ihnen gemeldet, dann laden Sie
diese doch ein. Nein, wir meinen nicht die Vorbereitung auf
eine Homestory, vielmehr die Einladung zu Ereignissen, insbesondere ungewöhnlichen Events wie die Lesung aus einem
noch unveröffentlichten Manuskript. Versuchen Sie originell
zu sein. Gegebenenfalls gelingt es Ihnen gar, eine Lesung mit
mehreren Autoren der Region zu organisieren.
Möchten Sie diesen Weg beschreiten, bedenken Sie bitte, dass
Sie auch hier Professionalität an den Tag legen sollten.

- Gestalten Sie z. B. eine Einladung, die Sie später per Fax
  versenden können. Integrieren Sie einen Abschnitt mit
  Antwortmöglichkeiten. Vergessen Sie nicht die Variante,
  dass jemand nicht kommen kann, jedoch nähere
  Informationen wünscht.
- Versenden Sie die Einladung etwa drei Wochen vor der
  Veranstaltung per Fax.
- Notieren Sie, welche Pressevertreter erschienen sind.
- Kontaktieren Sie diejenigen, die nicht kommen konnten.

Und sollten Sie nicht nur ein begnadeter Autor, sondern auch
Redner sein, können Sie sich eventuell dem lokalen Rund-
funksender als Interviewpartner anbieten. Notieren Sie sich
die wichtigsten Punkte, die im Interview nicht fehlen sollen.
Sprechen Sie mit der Redaktion Ihre Wünsche ab, bspw. die
Erwähnung Ihrer Internetseite mit weiteren Informationen in
der Einführung und im Abspann. Erwähnen Sie im Interview

den Titel Ihres Buches und die Kaufmöglichkeit mehrfach, jedoch nicht anbiedernd.

Erschien über Sie ein Bericht oder eine Rezension, sollte mit der aufgekommenen Freude Ihre Arbeit nicht beendet sein. Sie bemerken, es wird ein fortwährender Prozess.
– Bedanken Sie sich für die Veröffentlichung.
– Pflegen Sie Ihren Presseverteiler.
– Halten Sie Ihren Pressespiegel aktuell.
Ach ja, und denken Sie darüber nach, wo, wie und in welcher Situation ein recherchierender Journalist Sie im Internet finden kann. Feilen Sie daran, Ihrem gewollten Autorenimage gerecht zu werden.

Selbstverständlich sind Sie nicht darauf angewiesen, dass ein Journalist etwas über Sie schreibt. Auch Bekannte und Freunde können eine Rezension verfassen und als wertvolle Kaufhilfe bei Online-Shops oder bspw. in einem Gemeindeblatt hinterlegen. Im Übrigen liest man auch über Autoren, die Ihre Rezensionen selbst erstellen und unter einem Pseudonym veröffentlichen. Wir empfehlen Ihnen, sich in jedem Fall professionell zu verhalten. Alles andere stellt Sie in ein Licht, in dem Sie ungern stehen möchten.

Es ist nicht gesagt, ob eine Rezension oder ein Bericht über Ihr Autorendasein mehr Interesse beim Leser schürt. Ein Bericht hat jedoch die Chance, von einem sehr unterschiedlichen Publikum gelesen zu werden. Sofern er noch spannend geschrieben ist, bspw. betitelt mit 'Die Geheimnisse eines

Knochenbrechers' statt 'Eine Beinfraktur und mögliche Heilungschancen', weckt der Bericht Neugier auf Ihre Bücher an sich. Und es sollte doch nicht bei einem Buch bleiben, oder?

Arbeiten Sie mit der Presse, anstatt von dieser nur zu fordern. Gehen Sie davon aus, in der Regel sind es Menschen, die Ihnen nichts Böses wollen. Allerdings besteht auch kein Grund, für Sie mehr Gutes als für alle anderen zu tun. Sicherlich kennen Sie den Spruch 'Geben' und 'Nehmen'. Was können Sie für die Presse tun?

– Sprechen Sie mit Ihrem Verlag, inwiefern eine kostenlose Leseprobe zum (Vor-)Abdruck angeboten werden kann.

– Stellen Sie der Zeitung einige Bücher für Leser- bzw. Mitarbeiteraktivitäten zur Verfügung. Bitten Sie im Gegenzug um eine kurze Vorstellung Ihres Buches.

– Bieten Sie an, für die Zeitung Beiträge über literarische Veranstaltungen, Autoren sowie Rezensionen oder Expertenberichte zu Recht und Marketing für Autoren zu verfassen.

Selbstverständlich laufen Sie Gefahr, dass man Ihre Leistungen gern nimmt, doch Ihre Bedürfnisse sehr weit hinten rangieren. Das ist wie in einer Ehe. Es sollten Kompromisse eingegangen werden und eine Erwartungshaltung klar definiert werden. Haben Sie letzteren Schritt vergessen, holen Sie ihn dringend nach, bei Ihrem Zeitungsverlag und in Ihrer Ehe. (PS.: Dabei kann man sich übrigens auch nett verhalten.)

Wettbewerbe und Ausschreibungen

Literaturwettbewerbe und Ausschreibungen sind stets mit Spannung zu betrachten. Es ist eine hervorragende Möglichkeit, sich im Schreiben zu trainieren und ein eventueller Gewinn tut zudem gut für das eigene Ego. Und wenn Sie verlieren? Erstens gibt es keinen Verlierer, lediglich Texte, die dem Zweck der Jury angemessener erschienen. Zweitens können Sie selbst entscheiden, wem Sie von einer Teilnahme erzählen. Sie sollten auf jeden Fall parallel zur Einsendung noch nicht Ihren Job kündigen, falls dem Gewinner ein Stipendium in Aussicht gestellt wird.

Generell gibt es verschiedene Wettbewerbe und Ausschreibungen mit ebenso unterschiedlicher Intention, z. B.
–   Preisverleihung nach Beurteilung, gemessen an Leistung (weniger an Image)
–   Preisverleihung nach Nutzungsinteressen (z. B. Veröffentlichung), gemessen an Leistung und / oder Image

Wer mit wachen Augen im Internet oder auch in Literaturhäusern spazieren geht, wird schnell von mehreren Wettbewerben und Ausschreibungen dieser Art erfahren. Lesen Sie vorab genau die Teilnahmebedingungen und die damit einzuräumenden Nutzungsrechte. Nicht nur, dass Sie sich als gut erhaltener Mittfünfziger nicht unbedingt unter den Teilnehmern bis 25 Jahre anmelden sollten, gelegentlich sind die Bedingungen auch an Regionen und Themen geknüpft.

Basiswissen - Deutscher Buchmarkt

Sie möchten, dass Ihre Werke auch in der Buchhandlung vor Ort zum Verkauf angeboten werden? Dann schauen Sie sich die Buchhandlungen gezielt an. Vielfach sind diese nach Sortimentsschwerpunkten ausgerichtet. Wenn Sie diese analysieren, haben Sie bereits einen Anhaltspunkt, welches Kundenklientel hauptsächlich dort einkauft und insbesondere, was gekauft wird (Zuglektüre, Schul- / Studienbücher, Kunstbildbände, …). Lassen Sie ferner gleich Ihren Blick walten, ob in der Buchhandlung Lesungen und andere Veranstaltungen durchgeführt werden.

Haben Sie die Lage sondiert und können Sie davon ausgehen, dass Ihr Buch in das Sortiment passt, treten Sie in Kontakt mit dem Inhaber. Ob Sie vorab telefonisch einen Termin vereinbaren oder im Laden direkt die Initiative ergreifen, liegt in Ihrem Ermessen.

Auf jeden Fall sollten Sie es nicht unvorbereitet tun. Doch was gehört zu einer guten Vorbereitung? Nun, was meinen Sie, was den Buchhändler interessieren wird? Stellen Sie die wichtigsten Informationen zusammen und seien Sie bemüht, mit den Angaben die Neugierde zu wecken.

- Autor, Buchtitel, Cover-Abbildung, Inhaltsangaben, Genre des Buches, Preis
- Zielgruppe, Kaufargumente
  - Belletristik: Spannung, Unterhaltung, Einblick in besonderes Milieu, faszinierende Charaktere

- Sachbuch: Ratgeber für Betroffene, Einblick in Fachgebiet, Antwort auf dringende Fragen, Bezug zu gesellschaftlichen bzw. historischen Ereignissen, aktuellen Themen oder regionale Bezüge
- Einkaufskonditionen (ggf. Verweis auf den Verlag)
- Presserezensionen, Leserstimmen, bisher verkaufte Auflage
- Autorenvita mit Bild, bibliografische Angaben
- Gratisexemplar

In Deutschland kaufen Buchhändler vorrangig von Grossisten, z. B. Libri, KNV oder Ingram Book (weltgrößter Buchgrossist). Das ist für ihn eine praktische Angelegenheit, hat er in ihm einen Ansprech- und Geschäftspartner für alle Titel. Sie übernehmen die Belieferung der Einzelhändler nach Auftragseingang und nehmen andererseits auch Remissionen entgegen. Zudem haben Grossisten nur Bücher gelistet, die sie vorrätig haben oder selbst herstellen, so dass der Buchhändler seinem Kunden die meisten Titel sehr schnell besorgen kann.

Neue Bücher von unbekannten Autoren lehnen Großbuchhändler / Grossisten meistens mit der Begründung ab,
- dass die Qualität auf dem Markt nicht nachgewiesen werden kann (Unsicherheitsfaktor).
- ein Budget für Promotion fehlt bzw. Werbekampagnen amateurhaft und ineffektiv sind.
- eine Zusammenarbeit selten langfristig ist (Erscheinungstermin des nächsten Buches ist unbekannt).

– der Anschluss an den elektronischen Datenaustausch für Bestellungen und Abrechnungen fehlt.

Es kommt auf Ihre Ambitionen und Zielgruppe an, ob die Zusammenarbeit mit einem Großhändler / Grossisten für Sie erstrebenswert scheint. Wie so oft ergeben sich Vor- und Nachteile. Welche überwiegen, müssen Sie für sich entscheiden.

– Verfügbarkeit: Der Großbuchhändler / Grossist nimmt Ihr Buch auf, es steht damit in Online-Shops zur Verfügung, der Buchhändler kann es über den vereinfachten Bestellweg beim Grossisten beziehen.

– Bestellungen: Sie erlangen durch den Großbuchhändler / Grossisten selten einen Überblick, welche Buchhandlungen Ihr Buch bezogen haben.

– Promotion: Der Großbuchhändler / Grossist macht in der Regel keine Promotion für einen Einzeltitel.

– Versand und Inkasso: Der Großbuchhändler / Grossist übernimmt den Versand und die Zahlungsabwicklungen mit den Buchhandlungen.

– Zahlungsziel: Der Großbuchhändler / Grossist zahlt in der Regel erst nach Ablauf der Remissionsfrist (6-9 Monate), um unnötige Verrechnungen zu vermeiden.

– Rabatt: Einem Großbuchhändler / Grossisten werden höhere Rabatte gegenüber dem Buchhändler eingeräumt.

Als Autor selbst haben Sie keinen Einfluss darauf, ob und wann, bei welchen Großbuchhändler / Grossisten Ihr Buch gelistet wird. Doch die Aufnahme in deren Katalogen ist mit maßgeblich dafür, ob Ihr Buch im Handel verkauft wird. Das erklärt auch, warum manche Bücher bei Online-Shops als nicht lieferbar deklariert werden, obgleich sich die Werke unter Ihrem Tisch oder bei anderen stapeln und durchaus geliefert werden könnten. Suchen Sie in diesem Fall nach Alternativen hinsichtlich des Verkaufes, z. B. ein On-Demand-Verlagsservice.

Gelingt es Ihnen, eine Buchhandlung von Ihren Büchern zu überzeugen, entscheidet häufig die Intensität der persönlichen Bindung auch über den Abverkauf. Wenn Sie für die Geschicke zuständig sind, da Sie bspw. in einem Eigenverlag veröffentlichen:

- Gewähren Sie der Buchhandlung einen Rabatt.
- Vereinbaren Sie ein Zahlungsziel von 30 Tagen netto.
- Räumen Sie ein Remissionsrecht ein.
- Organisieren Sie eine persönliche Anlieferung der Bücher.
- Erfragen Sie monatlich den Abverkauf.
- Zeigen Sie sich kooperationsbereit. Fragen Sie, wie Sie den Abverkauf unterstützen können.
- Verweisen Sie Nachfragen an den Laden. Nehmen Sie durch einen Selbstverkauf nicht das Geschäft weg.
- Zeigen Sie sich bemüht, den Verkauf zu unterstützen.

Traditionelle Zwischenstufen des Buchmarktes

Der Verlag beliefert den Zwischenbuchhandel (Großhändler, Grossist bzw. Barsortimenter) und dieser den Buchhändler.

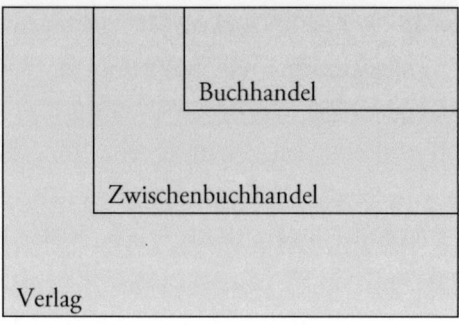

ISBN

Eine ISBN (international standardisierte Büchernummer) kennzeichnet Ihr Buch, macht es weltweit unverwechselbar. Sie besteht aus einer 13-stelligen Zahlenkombination (früher 10 Stellen), die folgende Bedeutung hat:

Teil 1 - Präfix (3-stellig, z. B. 978)
Teil 2 - Gruppennummer (Herkunft, Sprache etc., z. B. 3)
Teil 3 - Verlagsnummer
Teil 4 - Titelnummer
Teil 5 - Prüfziffer (1-stellig)

Die Stellenanzahl der Teile 2, 3 und 4 ist variabel und richtet sich nach dem Umfang der Verlagsproduktion. Je mehr Titel der Verlag plant, umso größer fällt die Titelnummer aus und umso geringer die Gruppen- und Verlagsnummer.

Weitere Informationen können Sie der Internetseite *www.german-isbn.org* entnehmen.

Übrigens, für den Erhalt einer ISBN ist eine Verlagsgründung nicht zwingend erforderlich.

VLB

Im VLB (Verzeichnis lieferbarer Bücher) werden nahezu alle deutschsprachigen Publikationen dokumentiert, sofern sie lieferbar und mit einer ISBN gekennzeichnet wurden.

Weitere Informationen können Sie der Internetseite *www.mvb-vlb.de* entnehmen.

Remissionsrecht

Das Remissionsrecht hat seinen Ursprung in einem US-Börsencrash im Jahr 1929. Die Buchhändler stoppten neue Aufträge. Als Alternative bot der US-Verleger Simon & Schuster als erster die Zahlungsoption nach Verkauf an. Sofern nach 90 Tagen das Exemplar nicht verkauft wurde, konnten es die Buchhändler retour schicken. Das bis dahin nicht gekannte Zahlungsmodell verbreitete sich auf der ganzen Welt und erfreute sich großer Beliebtheit. So sehr, dass die Buchhändler die neue Zahlungsoption auch forderten, als die Wirtschaftskrise vorbei war.

Auf dem deutschen Buchmarkt ist es zwischenzeitlich üblich, dass Buchhändler Bücher mit Remissionsrecht einkaufen. Remissionsrechte haben eine kosten- und preistreibende Wirkung auf die letztendlich verkauften Exemplare. Gemäß vereinbarter Remissionszeit, nimmt der Verlag das Buch vom Einzelhändler zurück. Doch nicht nur, dass der Verlag die

Frachtkosten für die Retour übernehmen muss, die remittierten Bücher haben oft deutliche Lager- / Gebrauchsspuren und können somit nicht mehr zum vollen Preis verkauft werden. Gelegentlich bieten Verlage den Autoren ihre eigenen Bücher zum Rückkauf an. Lehnt der Autor den Rückkauf ab, werden die unverkauften Exemplare schlimmstenfalls vernichtet.

Haben Sie einen Dienstleister für den Verlagsservice in Anspruch genommen, verlangt dieser möglicherweise eine Verwaltungsgebühr für Remissionen. Das tun einige, um wirtschaftlich arbeiten zu können.

Sofern Sie in die Verlegenheit kommen, jemanden ein Remissionsrecht einzuräumen, treffen Sie bitte in Ihrem eigenen Interesse eine Vereinbarung, dass die Rücknahme unverkaufter Bücher nur im verkaufsfähigen Zustand erfolgen kann.

Steuerrecht
Auf Bücher wird in Deutschland nur ein Mehrwertsteuersatz von 7% erhoben. Während in manchen Ländern grundsätzlich der volle Satz erhoben wird, sind Bücher bspw. in Großbritannien und Finnland von der Mehrwertsteuer befreit.

Online-Buchhandel
Im vierteljährlichen Rhythmus erhebt die Arbeitsgemeinschaft Online Forschung (AGOF) Zahlen zur Internetnutzung in Deutschland. Der Auswertung zu Folge, zählt das Buch zum meistgekauften Produkt im Internet. Einer Studie

des Jahres 2009 zu Folge hatten 39,6 Prozent der Befragten Online-Nutzer in den vergangenen zwölf Monaten Bücher über das Internet gekauft. Ein Jahr zuvor waren es nur 37,2 Prozent (vgl. Börsenblatt, 2009).

Doch im Online-Buchhandel werden nicht alle Bücher gleichermaßen stark verkauft. Abgesehen von spezialisierten Shops kann man folgenden Verkaufsrang erkennen:
1. Sachbücher / Ratgeber
2. Belletristik
3. Kinder- und Jugendliteratur

Werden Bücher im klassischen Buchhandel verkauft, sind diese in der Regel auch im Online-Buchhandel zu finden.
Sind auch Ihre Bücher in einem Online-Shop erhältlich? Dann schauen Sie gleich nach, welche Grunddaten der Shop-Betreiber zu Ihnen und dem Buch hat und liefern Sie ihm notwendige Ergänzungen:
–   ergänzende Bibliografie und Zusatzangaben
–   Angaben zum Buch (Inhaltsangaben, Probekapitel, Klappentext)
–   Autorenporträt
–   Presse-, Leser-, Autorenrezensionen
–   Kommentare, Empfehlungen

Denken Sie an das Urheberrecht und darüber nach, welche Daten Sie in welcher Form weitergeben können. Sofern Sie Ihr Buch über einen Verlag veröffentlicht haben, prüfen Sie bitte, welche Aktivitäten Ihnen gestattet sind.

Und wie ist das mit dem Verkaufsrang? Dafür gibt es Berechnungsgrundlagen, die Sie auch im Internet finden. Allerdings möchten wir vor einer Überbewertung warnen. Schließlich bilden Titel und Zielgruppe stets eine besondere Spezifika, die Sie nicht mit einem allgemeinen Ranking vergleichen sollten. Haben Sie bspw. ein Buch über Hundepsychologie geschrieben, wird es unter Hundefreunden möglicherweise einen großen Stellenwert einnehmen, während es unter allen Büchern auf dem Markt eine eher untergeordnete Rolle spielen mag. Nicht verwunderlich, denn nicht jeder Leser hat einen Hund und nicht jeder Hundebesitzer ein Faible für die Psyche seines Tieres.

Gratisexemplare

Sie werden nicht umhin kommen, Gratisexemplare zu verteilen. Machen Sie das nicht ziellos. Ansonsten rückt der Tag, an dem sich Ihre Ausgaben mit den Einnahmen decken, immer weiter in die Ferne. Kalkulieren Sie deshalb Gratisexemplare in Ihre Werbe- sowie Budgetplanungen mit ein. So werden Sie schnell feststellen können, was Sie sich tatsächlich leisten können.

Stellen Sie ein kostenloses Exemplar für Leute bereit, die für das Buch Mund-zu-Mund-Propaganda machen und eine Empfehlung aussprechen können (z. B. Lehrer, Dozenten, Professoren, Journalisten, Buchhändler, Bibliotheken).

Stopp! Wollten Sie ein noch eingeschweißtes Buch einfach so aushändigen? Das geht doch wesentlich professioneller. Fügen Sie für eventuelle Rezensionen oder Empfehlungen den Gratisexemplaren einen Begleittext bei. Markieren Sie die Gratisexemplare, bspw. mit einem Stempel oder einer eingeklebten Notiz und der Bitte um Kommentar an Ihre eMail-Adresse. Einerseits erfahren Sie so unter Umständen, welchen Weg das Buch genommen hat und andererseits erhalten Sie möglicherweise Anregungen für eine Optimierung des Buches oder eventueller Werbekampagnen. Darüber hinaus wird Ihr Buch durch die Markierung unverkäuflich. Und es wäre doch bitter, wenn Sie im guten Glauben Gratisexemplare verschenken, welche die Empfänger bei passender Gelegenheit lediglich weiterveräußern. Sie haben Recht, man sollte nicht nur Schlechtes denken, doch Gutgläubigkeit hilft Ihnen im Geschäftsleben wenig und ein gesundes Misstrauen schadet nicht.

Scheuen Sie sich nicht davor, die Bitte um ein Gratisexemplar auch einmal auszuschlagen. Es werden Erfahrungswerte sein, wann es sich lohnt. Alles andere ist Ihrerseits zwar nett, wirtschaftlich jedoch nicht zu rechtfertigen. Schließlich stellen Sie sich auch nicht auf die Straße und verteilen 20 Euro Scheine. (Falls doch, sagen Sie uns bitte, wo und wann.) Sollten Sie nicht 'nein' sagen können, dann lassen Sie den Verkauf von jemand anderem durchführen und beziehen sich in Ihrer Argumentation darauf. Dann sind Sie aus dem Spiel und von einer fremden Person wird selten erwartet, dass diese etwas zu verschenken hat.

Pseudonym / Privatsphäre

Ein Pseudonym bietet Ihnen verschiedene Möglichkeiten. Mit der Wahl ergeben sich aber auch zwangsläufig Abhängigkeiten. Beginnen wir mit der Frage, weshalb Sie Ihr Buch unter einem Pseudonym veröffentlichen möchten. Weil...

- ... Sie endlich einmal die Gelegenheit haben möchten, sich einen Namen auszusuchen, was Sie bei Ihrer Geburt verpasst haben?
- ... Sie heimlich schreiben und es dabei bleiben soll?
- ... Sie mit dem Buch etwas enthüllen und Ihr realer Name nicht in Verbindung gebracht werden darf?
- ... jene, für die das Buch nützlich sein könnte, es nicht kaufen würden, wenn sie wüssten, dass es von Ihnen geschrieben wurde?
- ... es Ihnen lästig ist, eines Tages etliche Autogrammwünsche zu beantworten?
- ...

Allesamt wichtige Überlegungen und möglicherweise haben Sie noch einige gute Gründe mehr.

Nehmen wir einmal an, Sie entscheiden sich für ein Pseudonym, bedenken Sie die Konsequenz, dass tatsächlich niemand davon Kenntnis erlangt, dass Sie ein Buch geschrieben haben. Man könnte bei seinem Gegenüber schnell als 'Aufschneider' gelten, wenn man behauptet, ein bestimmtes Buch geschrieben zu haben, obgleich darauf ein anderer Name steht. Zumindest kommen Sie in Erklärungsnot und Ihre 'Tarnung' beginnt zu wanken, denn der eine kennt den und der andere wiederum … Schon ein schwieriges Unterfangen, einer vollständigen Anonymität ausgesetzt zu sein, wenn man doch so gern auch mal zeigen möchte, wofür man viele Stunden investiert hat.

Denken Sie also darüber nach, inwiefern das Buch zu Ihnen passt, wer davon wissen sollte und wer keineswegs Ihr Buch mit Ihnen in Verbindung bringen darf. Sie werden bemerken, dass Ihre Gedanken über den perfekten Namen als Pseudonym vorübergehend in Vergessenheit geraten.

Ein Grabredner, der erotische Gedichte schreibt, ist möglicherweise darauf bedacht, dass nicht jeder seiner Mitmenschen von seiner schriftstellerischen Leidenschaft erfährt. Hingegen der Betriebswirt, welcher ein Buch über das moderne Management veröffentlichen will, ist vermutlich durchaus daran interessiert, dass sein Name im Zusammenhang mit dem Buch erwähnt wird. Insofern kann es also sein, dass Sie sich dafür entscheiden, ein Pseudonym für alle oder nur für ein ganz bestimmtes Buch zu verwenden.

Mit einem Pseudonym können Sie also verhindern, dass eine Verbindung zu Ihrem Privat- und Berufsleben gezogen wird. Sie erhalten die Gelegenheit, Ihre Autorenschaft und Privatsphäre voneinander zu trennen.

Gegebenenfalls ist es Ihnen nicht angenehm, wenn die Kollegen oder Vorgesetzten bspw. Ihre Nachtgedanken lesen.

Eventuell müssten Sie sich auch für falsch gezogene Schlüsse rechtfertigen. Mindestens dann, wenn Ihr Buch in einem Unternehmen spielt und von einem Mord durch Arsen handelt. Passt die Beschreibung zufällig auf den eigenen Kantinenchef, sollte man sich auf mögliche Unannehmlichkeiten einstellen. Können Sie also bei der Veröffentlichung des Buches Probleme in Ihrem beruflichen oder privaten Umfeld nicht ausschließen, ziehen Sie unbedingt die Verwendung eines Pseudonyms in Erwägung.

Soweit zum Schutz der Privatsphäre. Doch es gibt vielfältigere Motive über ein Pseudonym nachzudenken. So kann bspw. die Veröffentlichung in unterschiedlichen Genres negativ ausgelegt werden. Ist der Leser von Ihnen als Autor gewöhnt, dass Sie spannende Krimis schreiben, schafft das eine Erwartungshaltung. Möglicherweise wird der Leser beim Kauf Ihres nächsten Buches arg enttäuscht sein, wenn es sich dabei um eine amüsante Reisebeschreibung handelt. Es hat also weniger etwas mit gut oder schlecht zu tun als mit Erwartungshaltungen, denen man im eigenen Interesse gerecht werden sollte. Sicherlich ist es schwieriger, sich mehrgleisig einen Namen zu schaffen und auch das sollten Sie in Ihre Überlegungen einbeziehen.

Mit einem Pseudonym können Sie sich ein neues Image aufbauen (anderer Namensklang, andere Herkunft, anderes Geschlecht). Möglicherweise wird der Inhalt des Buches sogar glaubwürdiger, wenn der Name die Vermutung zulässt, dass der Autor einer bestimmten Region zuzuordnen ist. Denken

Sie bspw. an jenen Künstler, der sich als Deutscher ein russisches Image zulegte und mit slawischem Liedgut große Erfolge feierte.

Bemühungen, die Absatzzahlen zu erhöhen, enden ebenfalls mitunter in der Wahl eines Pseudonyms. Tatsächlich kann es mindestens gefühlte Auswirkungen haben, ob Sie als Mann oder Frau einen Roman veröffentlichen, spätestens dann, wenn es sich um Publikationen mit einem eher feministischen oder eher technischen Hintergrund handelt.

Haben Sie sich für ein Pseudonym entschieden, ergibt sich noch längst nicht die Gelegenheit, den Umstand zu feiern. (Mit wem auch, Sie wollten ja schließlich, dass keine Verbindung zu Ihrem realen Namen hergestellt werden kann.) Der Schutz des Pseudonyms entsteht mit der Verwendung. Doch das gilt für jeden. Somit ist es zunächst Ihre Pflicht zu prüfen, inwiefern der erdachte Name bereits im Gebrauch ist. Dazu sollten Sie mindestens im Internet und im Markenregister recherchieren.

Bitte recherchieren Sie sorgfältig, bevor Sie sich für einen Künstlernamen entscheiden.
- Wurde der Name bereits von einem anderen als Marke geschützt? [Markenrecht]
- Besteht gegebenenfalls Verwechslungsgefahr mit existierenden Personen, Unternehmen?
- Wird der Name bereits als Domain von einem anderen genutzt? [Internetrecht]

- Hat der Name möglicherweise in einer Fremdsprache eine ungewollte Bedeutung?
- Gibt es den Namen bereits in einem größeren, eventuell gar negativen Zusammenhang?

Im Rechtsstreit ist letztlich die Dauer der Verwendung und der darunter gewonnene Bekanntheitsgrad ausschlaggebend. Und als neuer Autor sollten Sie es nicht unbedingt darauf ankommen lassen.

Übrigens, der eigene reale Name kann von niemanden streitig gemacht werden, auch wenn ein anderer ebenso heißt und sich unter diesem Namen bereits einen Bekanntheitsgrad geschaffen hat. Es ist jedoch ebenso unklug, sich auf den verdienten Lorbeeren eines anderen auszuruhen, als sich mit dem Wohl und Wehe des anderen duellieren zu müssen. Überlegen Sie in diesem Fall, ob es Ihnen nicht doch Wert ist, Ihren Namen um des Unterscheidungswillens eine Nuance zu verändern.

Eine Eintragung in behördliche Dokumente wie Reisepass und Personalausweis ist für den Gebrauch eines Pseudonyms nicht notwendig, jedoch möglich. In diesem Fall ist ein Nachweis zu führen, dass der Name tatsächlich Verwendung findet und bereits ein Bekanntheitsgrad erreicht wurde. Da es sich bei einem Pseudonym nicht um eine zugelegte falsche Identität handelt, dürfen Sie Ihren sorgfältig ausgewählten Künstlernamen in jedem Fall ohne weitere Genehmigung führen.

Und noch ein Tipp am Rande: Wenn Sie nicht erkannt werden möchten, deshalb bereits ein Pseudonym wählten, sollten Sie auf Lesungen am unmittelbaren Heimatort verzichten. Nutzen Sie verstärkt die Möglichkeiten, die sich an anderen Orten oder gar im Hörfunk bieten. Hier ist die Chance des Erkanntwerdens doch eher unwahrscheinlich.

(Auto-)Biografie, Persönlichkeitsrecht

Gemäß Art. 5 GG hat jeder das Recht, seine Meinung (Werturteil) in Wort, Schrift und Bild frei zu äußern. Gehen Sie allerdings mit Ihren Formulierungen sorgfältig um. Eine Tatsachenbehauptung muss grundsätzlich der Wahrheit entsprechen.

Sie werden schnell bemerken, dass Sie die Gesetze stets im Zusammenhang betrachten müssen. Denn bereits im Urheberrecht wurde verankert, dass die Vervielfältigung, Verbreitung und öffentliche Wiedergabe von Nachrichten tatsächlichen Inhalts unbeschränkt zulässig ist (siehe § 49 Abs. 2,1. Halbsatz UrhG). Dagegen hindert es bspw. Straftäter, ihre erlebten Storys einem Autor exklusiv zu verkaufen. (Kleiner Ausflug in das Urheberrecht: Es sei denn, der Straftäter würde sich selbst als Autor betätigen, da er dann sämtliche Rechte und Pflichten aus dem Urheberrecht erhält.) Das heißt also, eine Story aufzuwerten rechtfertigt nicht, die Rechte eines Dritten zu verletzen.

Schön und gut. Dennoch könnte man meinen, Biografien zu schreiben ist für schriftstellerisch begabte Menschen eine leichte Kunst, insbesondere, wenn es sich um die eigene handelt. Wir müssen Sie leider enttäuschen. Bisher haben Sie von einem unbedingt zu beachtenden Urheberrecht gehört, welches Ihnen mindestens gelegentlich den Spaß an der Freude eingrenzen wollte. Gerade bei einer Biografie können sehr schnell Persönlichkeitsrechte verletzt werden. Sie wollen niemandem schaden? Fein, doch so einfach ist es leider nicht, denn alle Einzeldaten über eine Person zählen darunter. Doch beginnen wir mit ein wenig Systematik.

Sie möchten beispielsweise eine Biografie über den Wissenschaftler xy schreiben. Selbstverständlich recherchieren Sie ausgiebig und tragen eine Menge an Informationen zusammen. Ein glücklicher Umstand führt sie sogar zu Forschungsergebnissen seines Wirkens. Allgemeine Lebensdaten haben sie in verschiedenen Büchern finden können.

Zunächst gilt es also gemäß Urheberrecht zu entscheiden, für welche Angaben Sie dringend einen Quellenbezug angeben müssen. Dazu zählen alle schriftlich niedergelegten Gedanken, auch mündliche Äußerungen, Forschungsergebnisse und sonstigen Ausführungen. Von all diesen können Sie, sofern es sich nicht um interne Quellen handelt, mittels Zitat Gebrauch machen, müssen jedoch eine Referenz benennen. Lebensdaten wie Geburtsdaten, Orte und Tätigkeiten sind urheberrechtlich nicht geschützt und benötigen nicht zwingend eine Quellenangabe. Es bleibt also Ihnen überlassen, wir empfehlen Ihnen dennoch eine Referenzierung. Warum? Bestimmt ist es Ihnen auch schon vorgekommen, dass Sie zu einer Person zwei verschiedene Geburtsdaten oder Sterbeorte fanden. Da diese jedoch bestimmt nur einmal geboren wurde und gestorben ist, wäre es zumindest sinnvoll zu wissen, woher Ihre Angaben stammen. Soweit das Urheberrecht. Stopp, bevor Sie jetzt munter loslegen, wer ist denn eigentlich dieser Wissenschaftler? Eine Person des öffentlichen Lebens? Na dann viel Spaß beim Schreiben. Ach so, er wäre es gern, eigentlich ist er aber eine normale Privatperson? An dieser Stelle kommt das Persönlichkeitsrecht zum Tragen. Immerhin handelt es sich um personenbezogene Daten, die ohne Zustimmung des Betroffenen nicht veröffentlicht werden dürfen. Ein Dilemma? Ein wenig. Entweder Sie lassen sich eine Veröffentlichungserlaubnis unterschreiben oder Sie anonymisieren die Person, also in dem Fall unseren Wissenschaftler, so dass er nicht mehr erkennbar ist. Anderer Name, andere Orte, andere Tätigkeiten… - sicherlich, es weicht sehr von Ihrem Vorhaben der Biografie ab. Jeder darf schließlich selbst entscheiden, ob er in die Öffentlichkeit möchte. Lediglich jene Personen, die bereits in der Öffentlichkeit (z. B. Stars) wirken, können nur noch eingeschränkt darüber selbst bestimmen. Deshalb ist es gleich, ob die Darstellung positiv oder negativ erfolgen sollte, Sie benötigen eine Erlaubnis oder schreiben in der Konsequenz ein vollständig anderes Buch. Nehmen Sie die Angelegenheit ernst, sowohl der Verlag als auch Sie als Autor können haftbar gemacht werden, es drohen Schadensersatzleistung und Unterlassungsanspruch, das heißt die Veröffentlichung muss eingestellt bzw. Passagen geschwärzt werden. Sie können sich übrigens sicher sein, auch der Verlag wird Sie zum Schadensersatz verpflichten, wegen vorsätzlicher Geschäftsschädigung und Vortäuschung falscher Tatsachen. Genug der Drohungen, letztlich bedeutet das für Sie zusammengefasst:

– Privatpersonen: Die Verwendung personenbezogener Daten wie Personen- / Firmenname, Geburtsdatum, Lebensorte, Tätigkeiten etc., die in einer Biografie unabdingbar sind, bedürfen einer Erlaubnis aller miteinander in Verbindung gebrachten Personen. Anderenfalls erfolgt die Verletzung der Persönlichkeitsrechte, unabhängig davon, ob die Darstellung positiv oder negativ erfolgte. Bei grober Entstellung kann übrigens auch eine Klage der Hinterbliebenen erfolgen. Liegt keine Genehmigung vor, müssen Sie die Daten verfremden, sodass die jeweiligen Personen nicht identifizierbar sind und diese sich selbst nicht wiedererkennen. (Die Herausgabe unter einem Pseudonym bspw. bei einer Autobiografie ist nicht ausreichend.)

- Personen des öffentlichen Lebens (wird gemessen am Bekanntheitsgrad) haben ein eingeschränktes Anrecht auf Persönlichkeitsrechte. Allerdings ist auch hier von der Veröffentlichung intimer Details abzusehen.

- Unwahre Behauptungen dürfen generell nicht veröffentlicht werden. Eine schlechte Recherche schützt Sie nicht vor Strafe. Ausnahmen bilden lediglich einige journalistische Beiträge.

- Werturteile über lebende Personen müssen angemessen sein. Eine Zuspitzung ist möglich, sofern der satirische Charakter zweifelsfrei feststellbar ist. Eine Herabwürdigung ist grundsätzlich unzulässig.

- Auch bei einer (Auto-)Biografie ist das Urheberrecht zu beachten. Insbesondere müssen Sie darauf achten, dass Sie nach einer Verfremdung ein Zitat nicht automatisch einer namentlich anderen Person zuordnen können.

- Sind zufällige Namensgleichheiten nicht unumgänglich, sind sie auch nicht verboten. Das beschönigt weder einen

Vorsatz, noch den Vorwurf der Fahrlässigkeit wegen mangelnder Recherche.

Ergo: Nicht selten werden speziell in Autobiografien Abrechnungen mit dem Leben geschrieben. Doch hüten Sie sich vor Selbstjustiz. Bedenken Sie, Opfer haben kein Recht, Rache auszuüben und Täter zu richten. Das heißt, dass öffentliche Abrechnungen mit Nachbarn, Lehrern, Arbeitskollegen, Politikern oder auch Kriminellen etc. innerhalb von Biografien nicht statthaft sind.

Es gilt also Namen neu zu erfinden, Ereignisse zu verändern, Beschreibungen von Personen zu wählen, die sich nicht an realen Menschen orientieren und gegebenenfalls auch keine Veröffentlichung in Erwägung zu ziehen.

Sie haben Recht, eine Autobiografie wird demnach nie ein tatsächliches Abbild Ihres Lebens geben. Aus diesem Grund werden Sie nicht selten den Hinweis lesen '… enthält autobiografische Züge' bzw. 'Namen sind frei erfunden'. Zu dieser oder einer ähnlichen Formulierung raten wir auch Ihnen. Es sollte Ihnen am Herzen liegen, dass die betreffenden Personen nicht erkennbar sind. Bei der Verfremdung sollten Sie absolut auf Halbheiten verzichten. Stellen Sie sich vor, Sie haben nun schon verfremdet und die Person erkennt sich dennoch wieder und ist empört, weil Sie ihr in dem Buch einiges 'angedichtet' haben, was einerseits aus dem Grund der Verfremdung entstand, andererseits jedoch unwahren Behauptungen entspricht. Nehmen Sie die Angelegenheit also ernst.

Wir möchten Sie noch um etwas bitten. Beim Schreiben werden Sie schnell bemerken, es kommt nicht selten zu einer Gradwanderung zwischen einer Fiktion und einer Falschdarstellung. Auch sind Meinungsäußerungen nicht rechtsfrei. So kann es durchaus dazu kommen, dass es Ihnen nach der Darstellung, Ihr Nachbar sei ein fauler Intrigant, der sich an kein Gesetz hält, sogar die Hausordnung verschmäht, zwar gut geht, sich dieses Gefühl jedoch nicht lange hält. Er kann Sie nämlich 'zur Brust nehmen' und Sie wegen übler Nachrede oder gar Verleumdung und Herabwürdigung in der Öffentlichkeit verklagen. Soll er mal, Sie haben schließlich gesagt, was alle denken. Das Gesetz meint es an dieser Stelle gar nicht gut mit Ihnen und hat Ihre Ausführungen mit den §§ 186 und 187 StGB unter Strafe gestellt. Sie sollen jetzt keineswegs das Gefühl bekommen, Sie dürfen nichts sagen, doch zwischen der Aussage 'er ist' oder 'alle sagen, er sei' und der Äußerung 'ich denke, er ist', liegen große Unterschiede. Machen Sie sich die Mühe, schreiben Sie eine Liste, auf der einen Seite die Dinge, die Sie tatsächlich wissen, auf der anderen Seite, jene, die Sie vermuten. Bleiben Sie gespannt, welche Seite länger wird. So überflüssig es klingen mag, solch eine Liste hilft Ihnen, auch rechtssichere Formulierungen für Ihr Buch zu finden.

Wie steht es mit den Unternehmen oder den beschriebenen Personen, die in Ihrem Buch eine entscheidende Rolle spielen? Formal gesehen haben Unternehmen weder eine Privat- noch Intimsphäre. Sie können aus dem Grund nicht erwarten, dass ihre Existenz verschwiegen wird. So dürfen zutreffende Informationen und positive Werturteile über Unternehmen grundsätzlich veröffentlicht werden, unwahre Behauptungen hingegen nicht. Hüten Sie sich deshalb davor, real existierende Unternehmen und Produkte in fiktive Zusammenhänge einzubetten. Und was ist mit negativen Äußerungen? Auch wenn diese Ihrer Meinung entsprechen, ein Unternehmen muss sie nur dann akzeptieren, wenn ein besonderes öffentliches Interesse besteht. Darunter zählen keine kleinen Rachefeldzüge, wohl aber bspw. Menschenrechtsverletzungen. Bevor Sie jedoch zu einem großen Schlag ausholen, berücksichtigen Sie auch die Folgen eines möglichen Rechtsstreites, den Sie verlieren könnten. Denn Geschäftsschädigung, Beschimpfung und Herabwürdigung muss sich kein Unternehmer gefallen lassen, hat er Ihnen auch noch so übel mitgespielt.

In dem Zusammenhang möchten wir Sie eindringlich darauf hinweisen, halten Sie sich an alle offiziellen Spielregeln. Verraten Sie keine Geschäftsinterna und bleiben Sie Ihrer Schweigepflicht treu. Auch in die Gefahr des unlauteren Wettbewerbs sollten Sie sich nicht begeben.

Prüfen Sie deshalb an dieser Stelle mögliche Angriffspunkte Ihrer Geschichte und lassen Sie sich trotzdem dabei den Spaß am Schreiben nicht verderben. Es muss rechtlich alles in Ordnung sein, ebenso wie Sie es im Umgang mit Ihnen und Ihrem Buch erwarten.

Wir haben nicht gesagt, dass es einfach ist, eine (Auto-) Biografie zu schreiben. Trotzdem ist Ihr Vorhaben es sicherlich Wert, sich dieser Herausforderung zu stellen.

Verstorbene Menschen haben übrigens nur noch ein eingeschränktes Persönlichkeitsrecht. So darf zwar keine Entstellung von Taten oder Äußerungen erfolgen, sind Ihnen jedoch beim Schreiben kleine Ungenauigkeiten und Werturteile gestattet. Allerdings bleibt auch hier eine Herabwürdigung tabu.

Das allgemeine Persönlichkeitsrecht erlischt übrigens 10 bis 20 Jahre nach dem Tod des Rechtsträgers. Danach gilt es, den fortwirkenden Schutz der Menschenwürde zu beachten.

Auch die Pressefreiheit, die sich in Beschaffung von Informationen und Verbreitung von Nachrichten und Meinungen ausdrückt, wurde definiert.

Falls Sie sich auch journalistisch betätigen möchten, sollten Sie sich mit dem Landes-Pressegesetz (LPressG) auseinandersetzten. Es regelt u. a. den Auskunftsanspruch.

Die Frage, inwiefern Sie in einem für Sie harmlos erscheinenden Presseartikel einen realen Namen angeben dürfen, sollten Sie mit einer eingeholten Genehmigung beantworten. Doch seien Sie auch selbst vorsichtig, wie viel Sie von sich preisgeben und was Sie in der Presse über sich lesen möchten. Denken Sie daran, dass es eine Pressefreiheit gibt und dass zwischen Kritik (erlaubt) und Verunglimpfung (verboten) ein durchaus schmaler Grat existieren kann.

Urheberrecht und Zitation

Unabhängig davon, dass auch Sie als Autor jedes Gesetz beachten müssen, werden Sie wohl während Ihrer schriftstellerischen Tätigkeit am häufigsten mit dem Urheberrecht in Berührung kommen. Grund genug, sich mit dem Gesetz ein wenig näher zu beschäftigen.

Zunächst stellt sich die Frage: Was schützt das Urheberrechtsgesetz (UrhG) eigentlich?

Durch das deutsche Urheberrecht werden Werke geschützt (siehe §§ 1, 2 Abs. 2 i. V. m. Abs. 1 UrhG). Das sind persönliche geistige Schöpfungen der Literatur, Wissenschaft und Kunst, das heißt z. B. Texte, mündliche und schriftliche Äußerungen, Forschungsergebnisse, Anwendungen, Kompositionen, Gemälde, Fotografien, Filmdialoge, Musik- und Tonaufnahmen, aber auch Figuren aus Büchern und Filmen. Es ist also grundsätzlich die Ausführung, teilweise auch die Konzeption geschützt, jedoch nicht die Grundidee. Diese genießt weder durch das Urheber- noch durch das Patentrecht einen besonderen Schutz. Daraus folgt, dass es gestattet ist, die Idee eines anderen aufzugreifen und sein eigenes Werk zu gestalten. Allerdings ist untersagt, eine Nacherzählung anzufertigen, grundlegende Gedankengänge oder gar einzelne Passagen zu entnehmen, schon gar nicht vollständige Werke zu übernehmen.

Was zählt zu den schutzfähigen Werken? Sie müssen die Schöpfung eines Menschen sein, eine angemessene geistige oder künstlerische Leistung aufweisen. (Aus diesem Grund sind bspw. auch keine Standardfloskeln geschützt.) Das genügt für den Rechtsanspruch eines Urhebers. Einer gesonderten Kennzeichnung bedarf es dafür nicht.

Was haben Sie davon? Das Gesetz schützt sowohl die Persönlichkeitsrechte als auch Verwertungsrechte des Urhebers. Das sind in aller Regel Sie als Autor.

Die Formulierung 'in aller Regel' lässt bereits den Schluss zu, dass nicht immer der Autor der Urheber sein muss. Ganz klar, nach §§ 7 bis 8 UrhG ist es stets der Schöpfer des Werkes. Verwenden Sie also bspw. Fotografien in Ihrem Buch, sind Sie und - sofern vorhanden - Ihr Co-Autor Urheber des Textes und der Fotograf Urheber der Bilder. Dabei handelt es sich grundsätzlich um eine natürliche Person. Juristische Personen (z. B. Unternehmen, Vereine) können insofern keine Urheber sein.

Als Urheber können Sie eigenständig entscheiden, wann das Werk erstmalig veröffentlicht wird. Das ergibt sich aus dem Urheberpersönlichkeitsrecht, welches im § 12 UrhG geregelt ist.

Sie fragen zu Recht, wann hat ein Werk eigentlich den Status 'veröffentlicht'? Gemäß § 6 Abs. 1 UrhG gilt das Werk dann als veröffentlicht, wenn es der Allgemeinheit bzw. der Zielgruppe zugänglich gemacht wurde. Haben Sie Ihr Werk einer Mehrzahl von Personen zur Verfügung gestellt, gilt es als veröffentlicht. Darunter fällt jedoch keine limitierte Gruppe wie Verlagsmitarbeiter, Freunde oder Familie. Formal können Sie sich an folgendem Beispiel orientieren, wenngleich mitunter manche Zwischenformen dennoch strittig sind.

– Ausgangssituation: Sie schreiben einen Artikel über die Entstehung der Preußischen Hochkultur. Diesen veröffentlichen Sie in der Onlinezeitung auf der Internetseite einer Geschichtsinteressengemeinschaft. Nur Mitglieder können den Artikel lesen.

  – Ableitung A: Jeder Geschichtsinteressierte kann ohne weitere Bedingungen Mitglied werden. Fazit: Der Artikel gilt als veröffentlicht.

  – Ableitung B: Bei der Geschichtsinteressengemeinschaft handelt es sich um eine von Ihnen initiierte hochschulinterne Initiative. Die Mitglieder bestehen lediglich aus Ihrer Lerngruppe für ein gleichnamiges Seminar. Fazit: Der Artikel gilt als nicht veröffentlicht.

Im Übrigen bedeutet das nicht, dass Sie bei der Verwendung eines Zitates aus einem 'unveröffentlichten' Artikel den Namen des Autors verschweigen sollen. Auch hier gelten alle rechtlichen Hinweise.

Darüber hinaus konnten Sie feststellen, dass selbstverständlich auch die Texte, die Sie im Internet veröffentlicht haben, geschützt sind. Auch wenn möglicherweise der Einwand besteht, dass diese wesentlich leichter zu kopieren und weiterverwendbar sind. Der mögliche Straftatbestand einer Urheberrechtsverletzung bleibt der Gleiche und Sie selbstverständlich der Urheber mit allen Rechten.

Da das Urheberrecht nicht zwischen privater und kommerzieller Nutzung unterscheidet, sind ebenso Weblogs und private Internetseiten geschützt.

Die Deutsche Presseagentur (dpa) hat nicht ohne Grund die Attributor-Plattform in ihr Portfolio aufgenommen, welche die Online-Piraterie aufspürt, indem Milliarden Webseiten nach urheberrechtlich geschütztem Material durchsucht werden (vgl. Dpa, 2009).

In der Konsequenz schützt das Urheberpersönlichkeitsrecht den individuellen Ausdruck (bestehend aus Buchstaben, Zeichen, Bildern, akustischen Merkmalen) Ihres Werkes vor unerwünschter Veröffentlichung, Änderung / Entstellung und Plagiat (siehe § 14 UrhG). Für jene, deren schriftstellerische Welt noch heil geblieben ist und nun um den Gehalt ihres so eben abgegebenen Manuskripts fürchten, sei kurz erklärt: Eine Änderung, die den Sinn oder Charakter des Werkes verändert, muss die Zustimmung des Urhebers haben. Daran ist auch ein Verlag gebunden, und er wird Sie im Bedarfsfall auffordern, die besagte Änderung durchzuführen und es nicht selbsttätig tun.

Als Plagiat bezeichnet man wiederum die Veröffentlichung bspw. Ihres Textes bzw. Auszüge daraus unter keinem, einem anderen oder seinem eigenen Namen. Unglaublich? Ja, aber es kommt häufiger vor als es auffällt. Selbstverständlich kann es passieren, dass jemand den gleichen Satz gebraucht wie ein anderer. Wesentlich ist hier die individuelle sprachliche Qualität. Glauben Sie uns, es wird grundsätzlich erkennbar sein, ob jemand vorsätzlich Sätze eines anderen übernommen hat oder nur einen ähnlich gearteten Sprachstil pflegt.

Darüber hinaus steht dem Urheber das ausschließliche Verwertungsrecht zu (siehe § 15 UrhG). Das bedeutet, dass der Autor über Art, Umfang der Vervielfältigung (§ 16 UrhG), Verbreitung (§ 17 UrhG) und Ausstellung bzw. öffentliche Wiedergabe (z. B. Lesung) entscheiden und auch die Veröffentlichungspartner wählen kann. Nach § 31 Abs. 1 UrhG kann der Urheber ebenso darüber befinden, wem und in welcher Form er Nutzungsrechte, bspw. an einen Verlag, Verein oder sonstigen Unternehmen einräumt. Allerdings ist daraus kein allgemeiner Grundsatz abzuleiten, denn die Verwertungsrechte können verpfändet sein.

Bitte unterscheiden Sie an der Stelle Vervielfältigung und Veröffentlichung, denn die Begriffe besagen etwas Unterschiedliches. Unter Vervielfältigung ist die Kopie einer geistigen Schöpfung zu verstehen, die auch auszugsweise erstellt werden und bspw. im Format oder Schriftart abweichen kann. Auch eine Abschrift ist darunter zu verstehen. Allerdings muss nicht derjenige, dem das Recht zur Vervielfältigung eingeräumt wurde, auch veröffentlichen dürfen. Ein Verbreitungsrecht für das Original kann sich bspw. auf den

Verkauf oder die Verschenkung beziehen, aber auch eine Vermietung des Werkes beinhalten.

Der Urheber kann darüber bestimmen, ob und wie eine Verfasserangabe erfolgen soll (siehe § 13 UrhG). So wäre sowohl die Anonymität als auch ein Pseudonym zusätzlich zum realen Namen denkbar.

Auch ein Herausgeber eines Gesamtwerkes hat ein Urheberrecht, zwar nicht an dem einzelnen Artikel, jedoch an der Zusammenstellung. Er kann bspw. ablehnen, dass jemand die gleiche Zusammenstellung abdruckt.

Nicht selten kommt es vor, dass insbesondere bei wissenschaftlichen Publikationen, die Herausgeberschaft über die Jahre wechselt. In diesem Fall wird, solange noch Beiträge verwendet werden, die bereits in der Erstausgabe enthalten waren, zusätzlich zu dem neuen Herausgeber auch der Erstherausgeber genannt. Sind eines Tages keine Beiträge des Erstherausgebers mehr enthalten, ist eine Erwähnung dessen nicht mehr verpflichtend, allerdings durchaus üblich. Achten Sie mal bei der nächsten Gelegenheit darauf.

Übrigens, gemäß § 43 UrhG bleiben Sie auch bei Werken, die Sie als Arbeit- bzw. Auftragnehmer erschaffen haben, der Urheber. Abhängig davon, ob es sich um ein freies Werk handelt oder aus einer Primärpflicht entstand, kann allerdings (arbeits-)vertraglich geregelt sein, dass Sie dem Arbeitgeber / Auftraggeber mindestens ein nicht ausschließliches Nutzungsrechte einräumen müssen. Prüfen Sie also in diesem Fall die darin enthaltenen Klauseln. Entsprechend ist auch das Gesetz über Arbeitnehmererfindungen zu berücksichtigen.

Auch wenn sich in der Regel der Verlag um die notwendigen Rechte kümmert, sollten Sie nicht allzu sorglos mit der Verwendung fremder Werke sein. Letztlich hat er das Recht, eine Urheberrechtsverletzung einzuklagen.

Im Folgenden möchten wir nur anreißen, auf welche Genehmigungen Sie nicht verzichten sollten. Die Auflistung erhebt keinen Anspruch auf Vollständigkeit.

Nacherzählung:	Genehmigung für Veröffentlichung vom Originalautor erforderlich. Denn sie gilt als Bearbeitung.
Buch über einen Film:	Nicht genehmigungspflichtig, sofern es sich um eine wissenschaftliche Auseinandersetzung handelt. Soll jedoch bspw. ein Roman verfasst werden, besteht näherer Klärungsbedarf zu ggf. eingetragenen Markenrechten auf Titelfiguren.
Einzelfotos aus einem Film:	Genehmigung für Veröffentlichung von der Filmgesellschaft erforderlich.
Fotos von Veranstaltungen:	Genehmigung für Veröffentlichung vom Veranstalter erforderlich, wenn es sich

	um eine kostenpflichtige Veranstaltung gehandelt hat. Sofern Einzelpersonen oder kleine Personengruppen wesentlicher Bestandteil des Fotos sind, muss auch von diesen eine Genehmigung für die Veröffentlichung eingeholt werden. Das ergibt sich aus dem Recht am eigenen Bild.

Das klingt kompliziert, ist es aber nicht. Es sind lediglich einige Regeln zu beachten. Und Sie sollten auch wissen, dass der Schutz des Urhebers nicht unendlich gilt. Es endet gemäß § 64 UrhG 70 Jahre nach dem Tod des Urhebers; bei mehreren Urhebern 70 Jahre nach dem zuletzt Verstorbenen. Bei Filmwerken sind in der Regel der Hauptregisseur, der Drehbuch- und Dialogautor sowie der Komponist zu berücksichtigen. Sie werden sich fragen, was passiert, wenn Werke keinem direkten Verfasser zuzuordnen sind. Auch dafür gibt es eine Regelung. Werden Werke unter einem Pseudonym bzw. ohne Namensnennung veröffentlicht und ist der wahre Urheber nicht feststellbar, erlischt das Urheberrecht 70 Jahre nach der Erstveröffentlichung bzw. Erschaffung.

Nach dem Tod des Urhebers nehmen die Erben dessen Rechte bis zum Erlöschen des Urheberrechts wahr. Eine andere Möglichkeit, das Urheberrecht zu übertragen, ist nicht möglich.

Texte, bei denen das Urheberrecht erloschen ist, sind in ihrer Originalfassung frei verwendbar. Allerdings ist darauf zu achten, ob es sich bei der Vorlage tatsächlich um eine Originalfassung und nicht um eine Übersetzung handelt.

Denn auch der Übersetzer ist Urheber und es gilt in diesem Fall zu prüfen, ob dieser ebenfalls vor mehr als 70 Jahren verstorben ist. Das ist nicht unwichtig und Sie wären nicht der erste, der an dieser Stelle einem bitterlichen Irrtum zum Opfer gefallen ist.

Generell dürfen Übersetzungen nur im Rahmen der Nutzung des Originals verwertet werden. Der Originalurheber darf entscheiden, ob, wie und wo die Übersetzung zulässig ist bzw. genutzt werden darf (z. B. Übersetzung zur Veröffentlichung in Amerika, jedoch nicht in Großbritannien). Wenn allerdings das Urheberrecht des Autors bereits abgelaufen ist, entscheidet der Übersetzer allein. Das gilt auch, wenn der Text eines Autors erst nach Erlöschen des Urheberrechts für den Autor übersetzt wird.

Zwar können Verlage nicht das alleinige Vervielfältigungsrecht an einem Werk jenes Autoren haben, der bereits vor 70 Jahren verstorben ist, es besteht jedoch die Möglichkeit, dass der Verlag das alleinige Vervielfältigungsrecht der Übersetzung hat.

Vermutlich werden Sie insbesondere dann mit dem Urheberrecht in Berührung kommen, wenn Sie aus dem Werk eines

Anderen zitieren möchten. Deshalb sei an dieser Stelle ein kleiner Exkurs erlaubt, der in unmittelbarem Zusammenhang steht.

Ein Zitat mit Quellenbeleg ist grundsätzlich erlaubt, unabhängig davon, was im Impressum steht und solange es nicht dem Selbstzweck dient. Der Pflicht zur Quellenangabe nach § 63 UrhG genügt die Bekanntgabe von Verfasser, Werk, Verlag, Auflage und Erscheinungsjahr. Was bedeutet das konkret? Beim Zitieren einzelner Passagen aus einem geschützten Werk ist es nicht erforderlich, eine Erlaubnis einzuholen. Das Zitat muss als solches erkennbar, so kurz wie möglich und der Verfasser sowie die Quelle angegeben sein. Daraus können Sie bereits schließen, dass eine pure Aneinanderreihung von Zitaten in Form der Herausgabe einer Sammlung nicht gestattet ist, ebenso wenig die Verwendung eines Zitats als bloßes Schmuckwerk. Darüber hinaus darf das genutzte Zitat nicht mehr Aussagekraft als Ihr eigentlicher Text besitzen. Nach § 51 UrhG ist ein Zitat im gebotenen Zweck erlaubt. Das heißt: unwesentlich, ob Sie das Zitat in einem Buch oder auf Ihrer Internetseite verwenden, ist eine inhaltliche Auseinandersetzung mit dem Zitat erforderlich, indem es für die Entwicklung oder Bekräftigung von Gedanken und Aussagen genutzt wird. Wenn Sie also ein Zitat über einen lebenslustigen Menschen verwenden möchten, weil Sie es einfach nett finden, ist es nicht erlaubt. Setzen Sie sich jedoch inhaltlich mit der zitierten Textstelle, z. B. über die Darstellung der Lebenslust in der Literatur, auseinander, ist das unter Beachtung der sonstigen Regeln erlaubt. Beachten Sie jedoch, dass es gemäß § 62 UrhG ein Änderungsverbot bei Zitaten gibt und es nicht willkürlich nach dem sonstigen Sprachgebrauch angepasst werden kann. In diesem Fall gilt es dringend zwischen direkter und indirekter Zitation zu unterscheiden. Die indirekte Zitation ist nicht der Freibrief ein Zitat nach Gutdünken umzuformulieren. Vielmehr dient sie dazu, einen Gedanken aufzugreifen, um ihn mit eigenen Worten fortzuführen.

Nun fragen Sie sich gewiss, ob denn dann die all so beliebten Spruch-Postkarten erlaubt sind. Auch hier gilt: Wenn der Autor seit mindestens 70 Jahren verstorben ist, darf der Text frei verwendet werden. Anderenfalls wäre ein Zitieren in einem eigenständigen Werk gestattet, sofern das Zitat so knapp wie möglich ausfällt, es um eine inhaltliche, damit gestalterische Auseinandersetzung geht und selbstverständlich die Quelle des Zitates angegeben wird. Sofern das Zitat das Gesamtwerk darstellt und nicht einem Werk entnommen wurde, bedarf es ebenso der Genehmigung des Urhebers wie wenn der Verwendung des Zitates eine inhaltliche und gestalterische Auseinandersetzung fehlt. Sie bemerken, eine schriftstellerische Tätigkeit beinhaltet auch die Auseinandersetzung mit dem Literaturgut anderer.

Übrigens, sollte eine direkte Kontaktaufnahme mit dem Autor zwecks Genehmigung nicht möglich erscheint, kann bei der VG Wort ein branchenübliches Honorar hinterlegt werden (siehe hierzu auch www.vgwort.de).

Die Aussage, dass ein Zitat so kurz wie notwendig sein muss, ist nicht unwesentlich. Fällt es hingegen äußerst umfangreich aus, sollte um eine Genehmigung gebeten werden. Beachten Sie bitte, dass Sie in dem Augenblick denjenigen zum Co-Autor mit sämtlichen Rechten machen, da Sie anderenfalls gegen das Urheberrecht verstoßen.

Auch bei Fachpublikationen gilt nichts anderes: Wenn das Urheberrecht abgelaufen ist, müssen keine Zitationsangaben eingehalten werden, sofern Sie sich aus der Originalquelle bedienen. Dennoch ist es mehr als empfehlenswert. Schließlich ist es insbesondere bei wissenschaftlichen Arbeiten unabdingbar, die eigenen Gedanken von denen anderer abzugrenzen.

Sie müssen zugeben, die Welt wäre zu einfach, wenn sich die Rechte lediglich in 'gestattet' und 'nicht gestattet' gliedern ließen.

Deshalb seien an dieser Stelle noch einmal die Einschränkungen der Verwertungsrechte zusammengestellt.
- Der Urheber kann frei entscheiden.
  - Das Recht wird durch das Interesse der Gesellschaft eingeschränkt.
  - Bei Verwendung von Werken für Veranstaltungen innerhalb der Jugend- / Sozialhilfe, der Alten- / Wohlfahrtspflege, der Gefangenenbetreuung, des Unterrichts sowie für Kirchenveranstaltungen bedarf

es weder einer Genehmigung, noch Information oder Honorarzahlung an den Urheber.

- Der Urheber erhält eine angemessene Vergütung.
  - Vervielfältigungen im Rahmen gerichtlicher bzw. behördlicher Verfahren, ebenso für Schulfunksendungen sind ohne Honorarabgabe gestattet.
  - Zweitvervielfältigungen von Werken, die sich auf das aktuelle Tagesgeschehen beziehen, sind für Journalisten gestattet.
  - Bei Verwendung von Werken für (Funk-) Sendungen zwecks Kirchengemeindelebens- und Unterrichtsgestaltung bedarf es keiner Genehmigung. Der Urheber muss jedoch informiert werden und erhält eine angemessene Vergütung.
- Die Vervielfältigung eines Werkes ist nicht gestattet.
  - Eine Vervielfältigung des eigenen Werkes ist für private Zwecke gestattet, wenn nicht mehr als 7 Kopien angefertigt werden. Sofern das Werk eines anderen seit mehr als 2 Jahren vergriffen ist, ist eine Kopie dessen zum privaten Zweck gestattet.
- Zitate sind gestattet (bedürfen einer Quellenangabe sowie Notwendigkeit und sind kurz zu halten).

Das Urheberrecht schützt Ihre Interessen ebenso wie die der anderen. Die für Sie eventuell noch ungewohnten Paragrafen helfen Ihnen dabei, dass Ihre schriftstellerische Leistung die notwendige Würdigung erhält.

Markenrechte / Markenschutz

Es wäre gelungen, wenn Pseudonym und Domain zusammen und letztlich auch zu Ihnen passen. Beides sollte jedoch gut überlegt sein, damit keine Rechte eines anderen verletzt werden. Hat jemand ältere Rechte an dem Namen oder einen Bestandteil bereits als Marke schützen lassen, ist es bis zu einer Abmahnung gar nicht mehr weit.

Auch bei einem Logo ist angeraten, zuvor zu recherchieren. Denn nicht nur Namen, auch Logos können geschützt sein als Wort- bzw. Bildmarke. Wie sonst auch, ist selbstverständlich eine Verwechslungsgefahr generell auszuschließen.

Damit nicht genug. Sie haben eine Idee für ein neues Buch? Das Urheberrecht kennen Sie genau und Persönlichkeitsrechte können nicht verletzt werden, da die Geschichte fiktiv ist? Wie schön. Bliebe noch die Sache mit dem Markenrecht. Keine Angst, es handelt sich dabei ebenfalls um eine klar strukturierte Angelegenheit.

Figuren, Handlungspassagen und -orte sowie Gegenstände einer Geschichte sind frei verwendbar, sofern kein Markenschutz besteht.

Allerdings werden Figuren, insbesondere aus Filmen sehr gern vermarktet. Deshalb sind viele bereits als Warenzeichen geschützt worden. Das trifft in jedem Fall dann zu, wenn nach dem Schriftzug ein ™ folgt. In solch einem Fall kann zwar die Figur in Ihrem Buch noch namentlich erwähnt werden, jedoch nur untergeordnet in einer einzelnen Szene. Das heißt also im Klartext, Sie dürfen mit der Figur keinen Gewinn erzielen und Ihre Geschichte lediglich um die Figur ringsherum aufbauen.

Und was ist, wenn es sich um eine ganz alte Figur handelt, deren Erfinder bereits verstorben ist? Eigentlich nichts anderes. Sie haben Recht, das Urheberrecht erlischt 70 Jahre nach dem Tod des Erfinders. Dennoch kann es neuere Veröffentlichungen geben bzw. die Figur als Handelsmarke eingetragen sein, so dass vom Markenrecht ein Strich durch die Rechnung der 'willkürlichen Verwendung' gemacht wird.

Stopp! Noch ist nicht alles klar. Sie dürfen nämlich auch kein Unternehmenseigentum an sich reißen. Hatten Sie auch nicht vor? Dann streichen Sie mal ganz schnell die Passage aus Ihrem Manuskript, die einem bekannten Werbeslogan sehr ähnlich klingt. Das gilt ebenso für Unternehmens- wie für Produktnamen. Grundsatz: Worte und Bilder (so z. B. Logos, Signets) sind bei Verwendung als Marke geschützt. Unter Umständen erfolgte sogar zuvor ein Eintrag in einem Register oder in der Fachpresse.

Recherchieren Sie deshalb gut, bevor Sie ein Recht des anderen verletzen. Und wenn Ihnen außerordentlich viel an der Verwendung dessen liegt, scheuen Sie sich nicht davor, Kontakt zu dem Rechteinhaber aufzunehmen und um eine schriftliche Erlaubnis zu bitten. Selbstverständlich kann man Ihnen diese verwehren. Doch wer weiß, möglicherweise finden Sie sogar auf diesem Weg einen Sponsor für Ihr Buchprojekt.

Internetrecht

Wie bei allen anderen, sind auch bei einer Internetseite einige Regeln zu beachten.

Einen eigenen Internetauftritt zu haben ist grundsätzlich statthaft. Beachten Sie jedoch bei Ihrer Auswahl, dass Sie keine Rechte Dritter verletzten. Das heißt also, bereits verwendete Namen, geschützte Markenzeichen etc. sind tabu. Sie kommen um eine gründliche Recherche nicht herum, wenn Sie eine Menge Ärger und einen späteren Umbenennungszwang vermeiden wollen. Bei Ihrer Recherche prüfen Sie bitte gleich mit, inwiefern Ihr ausgewählter Domainname in der Bedeutung einer anderen Landessprache 'anstößig' ist. Es ist nicht sicher, ob Sie sich in dem Fall eine Freude machen, diese Domain im world-wide-web ins Leben zu rufen. Darüber hinaus sollten Sie alle noch so gut klingenden Domainnamen vermeiden, die Ihnen gegenüber letztlich den Vorwurf 'Vortäuschung falscher Tatsachen' einbringen könnten. Dazu zählen sowohl Endungen wie 'ag', die Sie als 1-Mann-Unternehmen vorübergehend zu einer 'Aktiengesellschaft' werden lassen, als auch Bezeichnungen wie 'größter'. Damit liefern Sie unnötige Angriffspunkte. Und Sie müssen doch zugeben, es klingt auch ein wenig vermessen, wenn Sie die Domain www.Groesster-Krimi-Autor.ag nennen und noch dabei sind, über das Ende Ihres ersten Romans nachzudenken.

Noch ein Tipp, zwar ist es erlaubt und es klingt beeindruckend, wenn jemand eine Internetadresse hat, die eine exotische Länderkennung hat, überlegen Sie jedoch gut, ob Sie damit Ihrem Buch und eigentlichen Interesse noch gelegen kommen.

Bevor Sie mit viel Akribie an die Gestaltung Ihrer Internetseite gehen, denken Sie daran, dass sich nicht jeder Inhalt für die Veröffentlichung eignet. Hier sei nur an den Datenschutz erinnert. Mit Sicherheit haben Sie nicht vor, die Bankdaten Ihrer Leser zu verraten. Was halten Sie bspw. von diesem Eintrag: 'Vielen Dank, dass alle zu meiner Lesung erschienen sind. Leider fehlte unser John Meyer, der mit Fieber zu Hause bleiben musste. An dieser Stelle auch von mir: Gute Besserung!' Ist doch nett, oder? Nett ist das auf jeden Fall gemeint, allerdings könnten Sie mit dem Satz auch gewaltig anecken. Gemäß § 3 Abs. 1 BDSG hat jeder das Recht über die Preisgabe seiner personenbezogenen Daten selbst zu entscheiden. Wenn Sie also ohne Genehmigung die Daten verwenden und auf Ihrer Internetseite einstellen, kann es Ihnen passieren, dass Sie mehr oder weniger sanft aufgefordert werden, diese Daten unverzüglich zu löschen. Abgesehen vom § 3 Abs. 1 BDSG hat der Gesetzgeber dazu eine ganz klare Auffassung: Personenbezogene Daten sind zu löschen, wenn ihre Speicherung unzulässig ist (siehe § 35 BDSG). Das ist der Fall, wenn eine Beeinträchtigung des Persönlichkeitsrechtes vorliegt (siehe § 1 BDSG), was im Übrigen hinsichtlich Ihrer Internetseite auch für nicht-allgemein zugängliche Stellen gilt.

Ergo, wenn John Meyer Ihre Genesungswünsche gar nicht so nett empfand, dann sind Sie daran gebunden, diese Daten umgehend zu entfernen. Wie man diesen Konflikt vermeiden kann, liegt klar auf der Hand: Sie gewöhnen sich einen Schreibstil an, der personenbezogene Daten außen vor lässt oder bitten um eine Genehmigung zur Veröffentlichung.

Wenn Sie schon bei der Gestaltung Ihrer Internetseite sind, achten Sie darauf, dass es ein Musikrecht gibt. Sicherlich ist es ansprechend, wenn Ihre Homepage nicht nur vor sich hin schweigt. Beachten Sie in diesem Fall die möglichen Verpflichtungen gegenüber der GEMA bzw. VG Musikedition nach.

Abschließend denken Sie bitte an das Impressum. Sobald Sie Ihre Internetseite quasi redaktionell gestalten (z. B. Sammeln und Aufbereiten von Informationen im Blick auf den potentiellen Empfänger) ergibt sich die Relevanz für eine Meinungsbildung. Gemäß § 55 RStV (Rundfunkstaatsvertrag) müssen diese Seiten mit einer Anbieterkennzeichnung versehen werden (Name, Adresse). Gleiches gilt auch, wenn eine Gewinnerzielungsabsicht vorliegt (siehe § 5 TMG - Telemediengesetz).

Mehrfach gesehen und gern getan: Mal eben einen Link zu einer anderen Homepage gesetzt und schon wird der eigene Webauftritt für den Besucher interessanter. Doch ebenso oft stellt sich die Frage, inwiefern man auch für den Inhalt der anderen Seite verantwortlich ist. Ob der Hinweis tatsächlich reicht, dass man sich von den Inhalten des anderen distanziert? Die Antwort könnte kurz ausfallen: 'Nein, ein Hinweis reicht nicht und ja, Sie sind als Inhaber einer Internetseite für deren Inhalt, ebenso für die inhaltliche Qualität der weiterführenden Links verantwortlich'.

Doch ganz so einfach möchten wir es uns und Ihnen auch nicht machen. Stellen wir uns zunächst die Frage, was kann eigentlich passieren? Die Links funktionieren nicht. Schade, aber nicht wirklich tragisch. Die Links verweisen auf eine Seite, die nicht mehr existiert, auch das kann passieren. Kritischer wird es, wenn sich auf den Seiten strafrechtlicher, beleidigender oder sonstiger Inhalt befindet, mit dem Sie nicht in Verbindung gebracht werden möchten. Wir sind uns einig, auch wenn Sie vor der Verlinkung die Seite kontrolliert haben, so schnell wie Sie Ihre Homepage ändern können, kann es jeder andere auch und wird Ihnen nicht explizit Bescheid sagen. Tatsächlich kann Ihnen im Ernstfall der Vorwurf auf Fahrlässigkeit gemacht werden. Deshalb sehen Sie sich in der Pflicht, auch die verlinkten Seiteninhalte regelmäßig zu prüfen.

Blogs sind interessant und eine hervorragende Gelegenheit für die Präsentation eines Buches. Doch ein Blogbetreiber hat auch Pflichten. Er sollte regelmäßig gründlich kontrollieren, was in seinem Blog vor sich geht. Gibt es dort einen Eintrag, in dem es rechtliche Verletzungen gibt (Urheberrecht, Persönlichkeitsrecht, …), wird der Blog-Betreiber mindestens zur Rechenschaft gezogen. Selbst wenn Sie nur Freunden und guten Bekannten einen Eintrag gestatten, kann es zu unge-ahnten Schwierigkeiten kommen. Da werden Aussagen eines anderen übernommen, weil man diese gar so cool findet. Man schreibt den Namen nicht dazu, weil man ja gegen das Persönlichkeitsrecht nicht verstoßen will und sitzt bereits in einer urheberrechtlichen Falle, denn man hat sich die Worte eines anderen zu Eigen gemacht. Mindestens ebenso emp-findlich trifft der Bericht über eine Lesung, in der beiläufig erwähnt wird, dass 'alle Blogschreiber' da waren. 'Alle' betrifft aber auch jemanden, der zu diesem Zeitpunkt eigentlich an-derenorts hätte sein müssen und nun in Erklärungsnöte gerät. Es ist nicht alles strafbar und vieles gestattet. Sobald Sie aller-dings mit Worten an die Öffentlichkeit gehen, sollten Sie gut überlegen, was Sie in welcher Form von sich geben. Gleiches gilt selbstverständlich auch im privaten Bereich, doch sind hier kleine Patzer eher verzeihlich.

Sofern Sie die Chance und Ambition haben, eine eigene Sen-dung ins Leben zu rufen, ist das ebenfalls eine weitere Gele-genheit, auf Ihr Buch und Wirken aufmerksam zu machen. Beachten Sie, dass seit 01.06.2009 gemäß § 20b des Rund-funkstaatsvertrages jeder verpflichtet ist, den Betrieb eines Hörfunkprogrammes im Internet der Landesmedienanstalt anzuzeigen.

Rechnung

Ob Sie nun selbst die Buchauslieferung vornehmen oder in Auftragsarbeit einen Artikel schreiben, die Anforderungen an eine Rechnungsstellung sind gleich. Deshalb sei an dieser Stelle auf die Pflichtangaben hingewiesen.

– Name und Anschrift des Autors bzw. Verlages als Rechnungssteller
– Name und Anschrift des Kunden
– Datum der Rechnungsausstellung, gegebenenfalls abweichendes Lieferdatum
– Menge, Titel und ISBN der Bücher
– Preis (netto und brutto, Angabe des Steuersatzes), gegebenenfalls Rabatte
– (fortlaufende) Rechnungsnummer (einmalig vergeben)
– Ihre Steuernummer bzw. Ihre Umsatzsteuer-Identifikationsnummer als Rechnungssteller
– Hinweis, ob Sie von der Kleinunternehmerregelung Gebrauch machen

Mehrwertsteuer können Sie auf Ihren Rechnungen dann ausweisen, wenn Sie Umsatzsteuer zahlen. Dabei handelt es sich um einen 'durchlaufenden' Posten.
Haben Sie steuertechnisch eine Kleinunternehmerregelung angenommen, die Sie bei einem geringeren Umsatz von der Umsatzsteuer befreit, dürfen Sie keine Mehrwertsteuer in Rechnung stellen.

Budget- und Businessplan

Unabhängig davon, ob Sie einen Verlag gründen oder gezielt Werbung für Ihr erschienenes Buch machen möchten: Oberstes Prämisse sollte sein, stets den Überblick über Einnahmen und Ausgaben zu behalten. So manches mag eine fantastische Idee sein, doch für Ihre Zwecke und Ihr Portemonnaie nicht praktikabel. Ziel sollte daher sein, den größtmöglichen Erfolg zu erreichen und so wenig Geld wie nur möglich zu verlieren.

Stellen Sie sich also einen Budgetplan auf. Bevor Sie auf einem Blatt Papier fein säuberlich die Spalten 'Einnahmen' und 'Ausgaben' einrichten, sollten Sie sich durchaus intensiver mit Ihrem Vorhaben beschäftigen.

Überlegen Sie, wie viel Zeit und Geld Ihnen grundsätzlich für Ihr Vorhaben zur Verfügung steht. Setzen Sie dem gegenüber Ihre Verpflichtungen (z. B. Druckfinanzierung) und Ihre Wünsche (z. B. Flyeraktion). Damit haben Sie bereits die Erkenntnis gewonnen, wie viel Ihre Wünsche tatsächlich kosten dürfen. Daran können Sie Ihre Werbeaktivitäten ausrichten und einen Zeitplan dafür entwerfen. Bitte vergessen Sie nicht, dass Sie auch mit Ihren Ressourcen (hinsichtlich Zeit und Geld) haushalten müssen. Denn Sie wissen doch, unverhofft kommt oft. Und mitunter spielt der Zeitfaktor eine größere Rolle als das zu investierende Geld. Umso mehr ist es ratsam, dass Sie in Ihre Planungen sowohl die Nachbereitung von Werbemaßnahmen und die Konzeption neuer Kampagnen einbeziehen als auch die Pflege der eigenen Internetseite. Planen Sie weit über das erste Quartal hinaus. Letztlich entscheiden langfristig eingesetzte Marketingaktivitäten über einen linear anhaltenden Erfolg.

Budgetplan / Kosten- und Ressourcenplan (in der Regel monatliche Aufgliederung und jährliche Summierung)	
SOLL: voraussichtliche Kosten	IST: tatsächliche Kosten
SOLL: voraussichtliche Ressourcen	IST: tatsächlich verbrauchte Ressourcen pro Monat

Spätestens das Finanzamt wird Sie daran erinnern, sorgfältig in Ihren Planungen umzugehen. Denn dieses wird von Ihnen mindestens alljährlich eine Ein- und Ausgabenaufstellung erwarten.

Einnahmen	Ausgaben

Möglicherweise kommen Sie auch eines Tages in die Verlegenheit, für Ihr Vorhaben einen Businessplan zu entwerfen. Das kann bspw. dann sein, wenn Sie ernsthaft über eine Verlagsgründung nachdenken. Es ist auch nicht weiter tragisch, beinhaltet dieser nichts anderes als Themen, mit denen Sie sich sowieso auseinandergesetzt haben.

- Businessplan
  - Deckblatt
  - Inhaltsverzeichnis
  - Auf einen Blick ...
  - Geschäftsidee

- Gründerprofil / Gründungsteam
- Markteinschätzung
- Wettbewerbssituation
- Standort
- Unternehmensorganisations- und Personalmanagement
- Risikoanalyse
- Finanzwirtschaftliche Planungen
- Anhang

Noch eine Anmerkung am Rande. Sofern Ihr Buch nicht in Ihrem eigenen Verlag erscheint, beachten Sie hinsichtlich Werbeaktivitäten bitte die Regularien des Verlages. Auch wenn dieser ebenso wie Sie am Umsatz interessiert ist, mag es sein, dass er eigene Strategien an den Tag legt, die Sie nicht durchkreuzen sollten. Suchen Sie daher ein konstruktives Gespräch, falls Sie keine konkreten Angaben innerhalb Ihres Verlagsvertrages finden.

Verlagsgründung

Sie sind der Meinung, Sie sind besser als die anderen oder haben neuartige Ideen und möchten einen eigenen Verlag gründen? Warum nicht. Bevor Sie jedoch viel Zeit, Geld und Nerven investieren und einen Businessplan aufstellen, sollten Sie für sich Ihre Ziele genau abgesteckt haben. Soll das künftige Unternehmen nur zur Literaturförderung dienen oder auch Gewinne erzielen? Unabhängig dieser Entscheidung sollten Sie sich im Klaren über Ihre eigenen Ressourcen sein. Denn Sie werden Sich fortan nicht nur um Ihre eigene Schriftstellerei kümmern müssen, sondern sich intensiv mit dem Urheberrecht, dem Buchpreisbindungsgesetz, den Verbindlichkeiten gegenüber der Künstlersozialkasse sowie mit der Herstellung, dem Handel- und Zwischenhandel auseinandersetzen. Sie bemerken, es genügen nicht nur die Ideen, Sie müssen auch über notwendiges Fachwissen verfügen bzw. sich aneignen.

Vergleichen Sie doch einmal Ihre Ressourcen mit dem Verlag, mit dem Sie sich gern messen möchten. In der Regel ist dieser in folgende Abteilungen unterteilt:
– Lektorat
– Herstellung (z. B. Satz, Grafik, Layout)
– Vertrieb (z. B. hinsichtlich Zwischenbuchhandel / Buchhandel und Endkunden, Akquise, das heißt Ausbau des Kundenstammes)
– Marketing (z. B. für Neuerscheinungen)
– Controlling (der Geschäftsprozesse)

- Buchhaltung (z. B. Rechnungsstellung, Mahnwesen / Inkasso)
- IT (z. B. Systemkonfiguration und -pflege)
- Geschäftsleitung (z. B. Verantwortungsübernahme)

Hinzu kommen
- Auslieferung
- Zusammenarbeit mit Dienstleistern (z. B. Druck, Grafik, Marketing)
- Recht (z. B. Kenntnisse im Vertragsrecht, Urheberrecht, Persönlichkeitsrecht, Datenschutz)

In jeder Abteilung sitzen Spezialisten. Haben Sie bereits zu allen Funktionen auch Personal gefunden, welches Ihr Vertrauen genießt? Sie möchten alles alleine machen, um Kosten zu sparen? Das ist sicherlich nicht unmöglich, doch benötigen Sie dazu Zeit, um alles genau vorzubereiten. Das beginnt bei harmlosen Angelegenheiten. Ihre Unternehmensgründung wird sich herumsprechen. Sie werden bald jede Menge Post erhalten und glauben Sie uns, nicht nur Buchbestellungen. Dennoch müssen Sie die Post bearbeiten. Hinzu kommen Anfragen, inwiefern Sie ein Manuskript verlegen können. Nun dürfen Sie nicht den Kopf verlieren, sondern müssen brav die Formulare für die Künstlersozialkasse ausfüllen und die Steuererklärung machen. Ach ja, ein Buch verlegen wollten Sie auch noch. Hauptsache, jetzt kommt nichts dazwischen.

Was sollte das Beispiel: Wir möchten Ihnen keine Angst machen und sicherlich gibt es gute Gründe, dass Sie sich entschlossen haben, einen Verlag zu gründen. Dennoch sollten Sie sich darüber im Klaren sein, was auf Sie zukommen wird. Fühlen Sie sich in der Lage, jeglichen fachlichen wie rechtlichen Schritt einzuschätzen? Wenn nicht, eignen Sie sich dieses Wissen erst an. Sie können nicht nur auf das Wissen anderer vertrauen, die sie dann bei Bedarf mal fragen. Jeder kann sich einmal irren, doch Sie haben die Verantwortung.

Gehen Sie auch davon aus, dass jedes Buch nicht nur in seiner Herstellung kostet. Insbesondere im Marketing bedarf es nicht nur kreativer Ideen, sondern auch einer langfristigen Planung und Finanzen.

Warum aber wird es einem neuen Verlag so schwer gemacht? Es wird ihm nicht schwer gemacht. Sie versuchen lediglich als Einzelperson eine komplette Unternehmensbelegschaft zu ersetzen und das ist eine mehr als sportliche Herausforderung. Nehmen Sie sich deshalb viel Zeit für die Beantwortung unsere Eingangsfragen. Möchten Sie lediglich ein eigenes Buch für einen vordefinierten Leserkreis verlegen, bedarf es nicht einmal der Notwendigkeit, einen Verlag zu gründen. Über Marketingaktivitäten müssen Sie in diesem Fall ebenso wenig nachdenken.

Ziehen Sie aber auch nur ansatzweise in Erwägung, Manuskripte von anderen Autoren anzunehmen, rechnen Sie mit spitzer Feder. Seien Sie sich über Ihre Grenzen im Klaren und zeigen Sie diese den Autoren konkret auf. Denn Ehrlichkeit gehört ebenfalls zu einem professionellen und seriösen Geschäftsbetrieb.

Haben Sie die Ambition, sich der Herausforderung zu stellen, denken Sie frühzeitig über eine Spezialisierung nach. Einerseits können Sie nicht auf jedem Gebiet gleichermaßen bewandert sein, andererseits kann Ihr Verlag auf diesem Weg insbesondere für Nischenprodukte zu einer wertvollen Ergänzung des bereits bestehenden Buchmarktes reifen.

Machen Sie sich schlau, denn der Schritt vom Autor zum Unternehmer ist ein großer. Der Buchmarkt hält auch diesbezüglich lesenswerte Handbücher bereit. Nur das Wissen allein reicht nicht. Sie benötigen nun Geschäftspartner. In den seltensten Fällen wird ein Buchhändler bei Ihnen anfragen, ob eine Neuveröffentlichung ansteht, die er in seinen Katalog aufnehmen kann. Die Realität sieht leider anders aus. Es bedarf guter Argumente für den Buchhändler, warum er mit Ihnen zusammenarbeiten soll. In der Regel bestellt dieser bei Verlagen, die viele Titel im Programm haben. Das klingt ungerecht, ist jedoch eine wirtschaftliche Überlegung, da sich Nebenkosten wie Bestellung, Buchhaltung, Zahlung und Versand sonst nicht rentabel gestalten.

Zunächst das Formale. Sofern Sie nur eigene Werke veröffentlichen möchten, benötigen Sie also keinen Gewerbeschein. Sie können im Rahmen der Meinungsfreiheit auch ohne diesen publizieren. Sollten sich in Ihrem Bekanntenkreis plötzlich ungeahnte gute Freunde finden, die Sie um die Veröffentlichung ihres Manuskriptes bitten, dann bedenken Sie diesen Schritt gut. Einerseits ist von Freundschaftspreisen abzuraten, denn den Verlust müssen Sie selbst als Unternehmer auffangen, andererseits sind Sie in diesem Fall verpflichtet, Ihren Verlag als Gewerbe anzumelden. Zudem müssen Sie seine literarische Arbeit auf dem Markt und vor dem Gesetz vertreten können.

Natürlich benötigt Ihr Verlag einen Namen. Doch eigentlich ergibt sich dieser von selbst. Er besteht aus Ihrem Vornamen und Ihrem Nachnamen sowie den Zusatz 'Verlag'. Leichte Abwandlungen sind möglich, allerdings muss Ihr Vor- und Nachname ausgeschrieben in Verbindung bleiben. Sie haben Recht, Ihnen sind bereits eine Menge Verlage begegnet, die gewiss nicht nach einer Person benannt wurden. In diesem Fall wurde der Verlag in ein Handelsregister eingetragen und im Zweifel besteht die Möglichkeit, in diesem die Eigentümer zu erfahren.

Sollten Sie sich für einen Fantasienamen mit Handelsregistereintrag oder die Verwendung eines besonderen Zusatzes entscheiden, prüfen Sie bitte, ob diese Namen bereits bei Unternehmen oder Produkten Verwendung finden oder anderweitig als Marke geschützt wurden. Ihren realen Namen kann Ihnen wiederum niemand streitig machen. Sollten Sie jedoch aus Vor- und Nachnamen eine Kombination erhalten, die tatsächlich bereits existiert, ist es des Unterscheidungswillens ratsam, einen Zusatz auszuwählen. Aber Achtung, engen Sie sich dabei nicht so sehr ein. Wenn Sie bspw. eine Spezifizierung 'Märchen-Verlag' wählen und eines Tages Biografien oder Krimis veröffentlichen wollen, gelingt es Ihnen mit Sicherheit, Ihren Leser so zu verwirren, dass Sie Fehlkäufe nicht vermeiden können und nichts ist schlimmer als die Erwartung eines Lesers nicht zu erfüllen. Oder was halten Sie von einer Biografie über einen Politiker aus einem Märchen-Verlag? Jeder würde doch ein Satirestück vermuten. Dass es sich hierbei um einen ernstzunehmenden Text handelt, erahnt gewiss niemand.

Bücher neuer Verlage finden seltener den Weg in den Buchhandel. Dieser bezieht seine Titel hauptsächlich von Großhändlern und ist mehrheitlich nur dann an einer Geschäftsbeziehung interessiert, wenn das Verlagsprogramm etwas reichlicher und erfolgsversprechend ausfällt. Es hindert Sie niemand, den Verkauf selbst, bspw. über einen eigenen Onlineshop abzuwickeln. Bitte beachten Sie dabei, dass Sie in diesem Fall sowohl für den Versand als auch für Inkasso zuständig sind. Da Sie einen professionellen Eindruck bei Ihren Lesern hinterlassen möchten, sollten Sie hier zunächst eine genaue Vorbereitung treffen und erst dann Ihren Shop eröffnen. Schließlich werden Sie aus dem Blickwinkel des potentiellen Lesers mit einem der ihm bekannten Internetbuchhandlungen gemessen. Nicht selten sind diese groß, haben ein ganz anderes Logistiksystem im Hintergrund, mit dem Sie sich nicht vergleichen können. Ihr Kunde tut es dennoch. Er erahnt nicht, dass Sie eine Einzelperson sind, die nebenbei noch einen Vollzeitjob hat, Kinder versorgen und noch einer Reihe an Verpflichtungen nachgehen muss. Wenn Sie sich also dazu entschließen, dann stellen Sie sich auch der Herausforderung und wie schön, wenn Sie von sich sagen können, trotz aller Verpflichtungen ist es mir gelungen. Machen Sie sich Ihren eigenen Plan. Sie können sich gern beraten, doch nicht von Meinungen beirren lassen.

Planen Sie Ihr Vorgehen.

- Gewerbeamt: Eine Verlagsgründung wird beim Gewerbeamt angezeigt. Als Gewerbetreibender sind Sie gewerbe- und umsatzsteuerpflichtig. Erfüllen Sie die Voraussetzungen nach § 19 UStG, Ihr Umsatz des Vorjahres war nicht höher als 17.500 Euro und wird im laufenden Jahr 50.000 Euro nicht überschreiten, können Sie sich mit der Annahme einer Kleinunternehmerregelung von der Umsatzsteuerzahlung befreien lassen. Das bedingt jedoch, dass Sie weder Vorsteuerabzug treffen noch Mehrwertsteuer ausweisen und einnehmen dürfen.
- IHK: Mit der Anmeldung eines Gewerbes, werden Sie automatisch bei der IHK registriert. Liegt Ihr Ertrag unter einer festgesetzten Bemessungsgrenze, können Sie sich von der Beitragspflicht befreien lassen. Informationen zu den aktuellen Sätzen erhalten Sie im Internet bzw. bei Ihrer regionalen Geschäftsstelle.
- Buchhändlervereinigung: Melden Sie Ihre Verlagsgründung bei der Buchhändlervereinigung an. Über diese können Sie auch ISBN-Nummern bestellen.
- Berufsgenossenschaft: Auch wenn Sie ein 1-Mann-Unternehmen sind, müssen Sie Ihre Verlagsgründung bei der Berufsgenossenschaft anzeigen.

- Künstlersozialkasse: Mit Gründung eines Verlages werden Sie auf bestimmte Honorare abgabepflichtig. Aus diesem Grund sind Sie ebenfalls verpflichtet, Ihre Verlagsgründung gegenüber der Künstlersozialkasse anzuzeigen.

Seien Sie sich bei der Gründung also frühzeitig darüber im Klaren, was auf Sie zukommt:
- Budgetierung
- Berechnung und Zahlung der Betriebskosten, Künstlersozialkasse etc.
- Erstellung eines Marketingkonzeptes
- Realisierung von Lektorat, Satz und Gestaltung
- Kontaktaufnahme zu Geschäftspartnern wie Druckereien, Buchbindereien und Auftragserteilung
- Kalkulation der Auflagen
- Auslieferung, Inkasso / Mahnwesen, Pflichtabgaben
- …

Mit der Herausgabe eines Buches werden Sie in Deutschland per Pflichtexemplargesetz (PflExemplG) abgabepflichtig. Zunächst haben Verleger aus den neuen Bundesländern, Berlin und Nordrhein-Westfalen zwei Exemplare an die Deutsche Bücherei in Leipzig, Verleger aus den anderen Bundesländern nach Frankfurt / Main zu senden. Beide Nationalbibliotheksstellen tauschen sich das jeweilige Zweitexemplar aus. Zusätzlich haben die Landes- sowie Staatsbibliotheken je nach Erscheinungsort Anspruch auf ein Pflichtexemplar. Dazu haben die Bundesländer unterschiedliche Modalitäten.

Auch wenn Sie einen Verlag nebenberuflich führen, werden Sie zunächst höhere Ausgaben als Einnahmen haben. Das muss Ihr Geldbeutel verkraften können. Sie müssen jeden Druck zunächst vorfinanzieren, haben allgemeine Geschäftsausgaben und es wird einige Zeit dauern, bis der Break-even eines Buches (Einnahmen decken Kosten) erreicht ist. Behalten Sie deshalb vom ersten Tag an den Überblick, führen Sie peinlich genau eine Einnahme-Ausgabe-Rechnung, ziehen Sie nicht vorzeitig, jedoch rechtzeitig, die Reißleine.

Es ist fantastisch für das Ego sagen zu können, mir gehört ein ganzer Verlag. Es schafft Prestige, es weiß ja keiner, dass der Verlag aus einem ausrangierten Tisch und einem 10 Jahre alten Computer besteht. Auch wenn es nur Ihr Hobby ist, wird die gleiche Professionalität erwartet und abverlangt. Selbstverständlich sind Sie bereit, diese an den Tag zu legen. Bald werden Sie mit den verschiedensten Anfragen und Angeboten konfrontiert werden. Prüfen Sie genau, was zu Ihnen, Ihrem Profil und Ihrem gesetzten Preislimit passt.

Ob sich eine Mitgliedschaft im Börsenverein für Sie als erstrebenswert herausstellt, können nur Sie entscheiden. Aus diesem Grund, machen Sie sich vor der Beantragung einer Mitgliedschaft genau mit den Inhalten vertraut.

Auch die Zusammenarbeit mit einem Verlagsservice sollten Sie in Erwägung ziehen, jedoch gründlich überdenken. Denn ein Dienstleister, der Sie und Ihr Unternehmen für Ihren

Erfolg betreut, Sie bei Veröffentlichungsevents, mit Postern, Bannern, Lesezeichen, Visitenkarten oder auch Pressemitteilungen unterstützt, macht das selbstverständlich nicht kostenlos.

Somit ist wie bei allem angeraten, vorab genau zu prüfen, was Sie selbst tun können und worin Sie Hilfe benötigen. Nehmen Sie dann Kontakt mit dem Anbieter auf und wägen Sie ab, ob seine Leistungen Ihre Fähigkeiten ergänzen bzw. sein Angebot Ihren Bedarf abdeckt.

Auch wenn Sie möglicherweise der Mentalität entsprechen, einem anderen ungern eine Absage zu erteilen, Sie sind als Verleger Geschäftspartner und müssen wirtschaftlich abwägen, ob Sie sich Angebote leisten wollen und können. Das tun andere auch und nichts anderes wird von Ihnen erwartet. Lassen Sie in keiner Minute Ihren eigenen Qualitätsanspruch aus den Augen, bleiben Sie diesem treu, (sofern Sie kein Gesetz daran hindert). Denn dann sind Sie glücklich mit Ihrem Tun und erhalten nicht das Gefühl, dass Sie einen Verlag gründen wollten, der eigentlich von ganz anderen Personen gesteuert wird und immer weniger Ihren eigenen Interessen gerecht wird. Bleiben Sie, was Sie sind und seien Sie weniger bemüht zu konkurrieren als sinnvoll den Markt zu ergänzen.

Druckmöglichkeiten

Das klassische Buchdruckverfahren ist der Offsetdruck. Er ist praktisch und wirtschaftlich für große Auflagen von bspw. Büchern und Zeitungen. Für geringere Stückzahlen empfiehlt sich der Digitaldruck. Er ermöglicht so Nischenplätze zu belegen, was im Offsetverfahren zwar möglich ist, jedoch aus Kostengesichtspunkten nicht in Frage kommt.

Längst ist es nicht mehr notwendig, grundsätzlich alle Bücher auf einmal drucken zu lassen. Beim Print-on-Demand-Verfahren (POD) werden Bücher nicht auf Lager gehalten, sondern erst gedruckt, wenn eine Bestellung vorliegt. Das spart Lagerkosten und hält die Anfangsinvestitionen gegenüber dem klassischen Buchdruckverfahren niedrig. Daraus ergibt sich ein Schutz vor möglichen Fehlinvestitionen, denn es ist nicht garantiert, dass die tatsächlichen Verkaufszahlen Ihren Erwartungen entsprechen oder Sie nüchtern überrascht werden.

Während sich früher das Vorurteil hielt, dass jene Autoren per POD veröffentlichen, deren Manuskripte wenig Anklang fanden, bedienen sich heute bereits mehrere Verlage des Verfahrens. Da es sich zudem um ein sehr umweltschonendes Herstellungsverfahren handelt, können Unternehmen, die sich dem POD verschrieben haben, in Zukunft noch mehr an Bedeutung gewinnen.

Sofern Sie sich selbst mit der Druckgestaltung beschäftigen, beachten Sie bitte die Vorgaben der Druckerei. Die können sich sowohl in der Wahl der Software, als auch in der zu verwendenden Farbpalette unterscheiden. Es nützt Ihnen kaum, an solch einer Stelle hartnäckig auf 'Ihren Standard' zu bestehen. Gehen Sie davon aus, dass die Druckerei am besten weiß, mit welchen Mitteln der beste Output zu erzielen ist.

Achten Sie besonders auf die Auflösung verwendeter Bilder. Nicht alles, was am Monitor gut aussieht, scheint in der Praxis praktikabel und andersherum, mitunter wirkt ein Bild am Monitor verpixelt und ist im tatsächlichen Ausdruck makellos. Doch warum das Ganze? Das ist sehr einfach erklärt. In der Bildschirmansicht werden alle Bilder mit 72 dpi dargestellt. Das ist zu wenig für ein Bild, welches in Ihrem Buch einen Platz einnehmen soll. An dieser Stelle werden durchschnittlich 300 dpi benötigt. Daraus folgt, dass ein 72 dpi (dots per inch) - Bild, im Ausdruck lediglich ¼ so breit und hoch sein darf, um eine ansprechende Qualität zu erreichen. Das erklärt auch, warum es dazu kommt, wenn Sie ein Bild aus dem Internet, z. B. eine Wegbeschreibung verwenden, möglicherweise noch vergrößern, im Ausdruck kaum noch leserlich ist.

Offsetdruck	Digitaldruck
für große Auflagen	für Kleinauflagen und Aufträge mit niedrigem Budget
Stückkosten sinken in der Regel mit steigender Auflagenanzahl	gleichbleibende Druckkosten

Verkaufspreis festlegen

Bislang wurden Bücher über konventionelle Verlage veröffentlicht. Diese haben auch den Verkaufspreis festgesetzt und der Autor musste sich mit der Thematik nicht auseinandersetzen. Zunehmend gibt es jedoch zusätzliche Veröffentlichungsmöglichkeiten. Nicht selten steht bei diesen der Autor vor der wichtigen Entscheidung: Wie viel soll mein Buch im Handel kosten? Aus diesem Grund laden wir Sie ein, unternehmen Sie mit uns einen kurzen Ausflug in die Preisgestaltung.

Um überhaupt ein Gefühl zu erhalten, können Sie auf Ihre letzten Kassenzettel für Bücher schauen, in einen Buchladen oder Online-Shop. Welche ähnlichen Angebote gibt es zu welchem Preis. Selbstverständlich lässt sich Ihr Buch nicht vergleichen. Doch weiß das auch der Kunde, der Ihr Buch noch nicht kennt? Er wird auf den Titel schauen, einen Inhalt erwarten und aus gegebenenfalls mehreren Angeboten auswählen.

Es ist jedoch auch nicht Sinn der Sache, dass Sie sämtliche Preise unterbieten. Kalkulieren Sie deshalb die Gesamtausgaben genau. Was kostet das Buch in der Herstellung? Berücksichtigen Sie sowohl Pflichtabgaben wie kostenlose Rezensionsexemplare. Auch diese kosten Geld, ohne dass Einnahmen gegenüber stehen. Hatten Sie jetzt nur die Druckkosten berechnet? Dann sind Sie noch nicht fertig. Wer hatte denn das Papier, die Tintenpatrone, den Strom für all die Entwürfe bezahlt, bis Ihr Manuskript letztlich vollendet vorlag? Tatsächlich ist es nur richtig, alle Kosten einzubeziehen und wenn Sie sich für die Werbung verantwortlich fühlen müssen oder dürfen, auch diese.

Falls Sie sich für die Gründung eines Verlages entschieden haben, müssen Sie auch sämtliche zusätzlich anfallende Nebenkosten berücksichtigen. Denn wenn Bücher Ihr Broterwerb darstellen sollen, müssen die Bücher auch das Geld für das Brot einbringen.

EBooks liegen im Verkaufspreis 10 - 40 % unter dem Preis von Printausgaben. Kostenlose eBook-Abgaben werden von einigen favorisiert. Während manche Unternehmen sogar eine parallele Absatzsteigerung bei Print-Ausgaben verzeichnen konnten, kann es andererseits passieren, dass sich bei den Kunden eine Gratismentalität einstellt. Statt erwünschter Neugierde, erreichen Sie eine verhaltene Kaufmentalität, weil sich das eBook bereits als praktisch genug erwies. Testen Sie sich also vorsichtig heran, Sie werden einen Ihrem Buch angemessenen Weg finden.

Rabatte, Zahlungs-, Lieferbedingungen

Auf dem Buchmarkt sind verschiedene Rabatte üblich. Haben Sie sich als Autor entschieden, selbst zu veröffentlichen, müssen Sie sich mit diesen ebenfalls auseinandersetzen, unabhängig davon, ob Sie einen eigenen Verlag gegründet haben. Das bedeutet nicht, dass Sie übliche Rabatte in gleicher Höhe gewähren müssen. Allerdings spiegeln diese eine mögliche Erwartungshaltung Ihres Geschäftspartners wider.

Unter Beachtung des Buchpreisbindungsgesetzes sind folgende Rabatte gebräuchlich, jedoch nicht verbindlich:

Grossist:	50 - 55 % (Zahlung nach Ablauf der Remissionsfrist)
Buchhändler:	35 - 50 %
Bücherei:	15 %
Bildungseinrichtungen:	15 - 25 %
Non-Buchhandel:	40 - 65 % (ohne Remissionsrecht)
- Rackjobber (Auffüller von Supermarktregalen):	50 - 60 %
- Kaufhaus:	60 - 65 %
- Unternehmen:	ab 50 %
- Versandkatalog:	50 - 60 % Rabatt

Darüber hinaus wird mehrheitlich eine kostenfreie Lieferung erwartet und als Zahlungsziel werden üblicherweise 30 Tage oder 6 Monate vereinbart.

In Ihren Geschäftsbeziehungen werden Ihnen jedoch nicht nur Prozentsätze begegnen. Mit folgenden Begrifflichkeiten sollten Sie ebenfalls vertraut sein, damit Sie wissen, wovon Ihr Handelspartner gegebenenfalls spricht:

1. Bezug fest
   - Zahlungsfrist netto in 30 Tagen
   - 50 % Rabatt
   - Rückgabe ausgeschlossen
2. Bezug mit Remissionsrecht
   - Zahlungsfrist netto in 30 Tagen
   - Belletristik: 40 % Rabatt, Sach-/Fachbuch: 30-35 % Rabatt
   - unverkaufte Bücher können innerhalb einer vereinbarten Frist (1 bis 6 Monate) zurückgegeben werden, bereits erhaltene Einnahmen müssen zurückerstattet werden
3. Bezug in Kommission
   - Rechnung wird erst ausgestellt, wenn das Buch verkauft ist
   - 30-35 % Rabatt
   - nach vereinbartem Zeitraum werden verkaufte Bücher bezahlt und nicht verkaufte Bücher zurückgegeben
4. Bezug als Partie
   - Abnahme größerer Mengen, einige Exemplare umsonst (z. B. 11 liefern / 10 bezahlen)

Sofern keine spezielle Vereinbarung (wie 'Bezug fest' etc.) getroffen wurde, können unverkaufte Bücher innerhalb einer vereinbarten Frist (6 bis 9 Monate) zurückgegeben werden. In diesem Fall müssen bereits erhaltene Einnahmen zurückerstattet werden.

Buchpreisbindungsgesetz

In Deutschland wurde das Buchpreisbindungsgesetz (Buch-PrG) eingeführt. Danach muss jeder das Buchpreisbindungsgesetz beachten, wer gewerbs- oder geschäftsmäßig Bücher an Letztabnehmer verkauft (siehe § 3 BuchPrG). Auch wenn Sie sich bislang noch nicht damit beschäftigten, haben Sie gewiss davon gehört. Eventuell nichts Gutes, gar Widersprüchliches, obgleich das Gesetz sich recht einfach kennzeichnen lässt. Ganz ohne Paragrafen gelingt die Erklärung.

Jeder, der Bücher an Endkunden verkauft, muss den gleichen Preis berechnen. Verkaufen Sie an Wiederverkäufer, können Sie unter einem definierten Rahmen Rabatte einräumen. Allerdings müssen Sie in diesem Fall gewährleisten, dass alle Wiederverkäufer Ihrerseits gleich bzw. vergleichbar behandelt werden. Auch bei der Abnahme größerer Mengen sind Vergünstigungen möglich. Darüber hinaus bilden Prüfexemplare für Lehrer, Verlagskollegen und Autoren weitere Ausnahmen.

Möglicherweise wird Sie das zunächst verwirren, wenn Sie an manche Sonderstände an den Ladeneingängen denken. Auch diese sind einleuchtend, denn einerseits können deklarierte Mängelexemplare rabattiert verkauft werden, andererseits kann seitens des Verlags bzw. Importeurs die Buchpreisbindung aufgehoben worden sein (frühestens nach 18 Monaten).

eBooks

In den letzten Jahren entwickelte sich das eBook zunehmend zum Massenmedium. Erinnern Sie sich noch an die Zeiten, als Sie einen Computer kauften und mehrere Kilo Handbücher dazu erhielten? Es ist schon sehr lange her. Auch in den anderen Bereichen ist das eBook zwischenzeitlich nicht mehr wegzudenken, mobile Lesegeräte ebenso wenig.

Ein eBooks zu verkaufen ist kein besonderes Handwerk, ebenso wenig ein hoher Kapitaleinsatz notwendig. Die Herstellung ist denkbar einfach. Sie benötigen für Ihre fertiggestellten eBooks einen PC, Internetanschluss und ein Konzept. Entscheiden Sie, ob Sie Ihre Bücher bei anderen Shops einstellen möchten, auf Ihrer eigenen Internetseite anbieten oder gar einen Shop aufbauen möchten. Die Folgekosten sind überschaubar. Es fallen die Versandkosten weg und bei Vorkasse auch mühselige Mahnprozeduren.

Überlegen Sie, wie Sie Ihre eBooks vermarkten möchten, denn nur wenn Sie und Ihre Zielgruppe zueinander finden, wird der Verkauf erfolgreich sein.

Offline
Auch das ist möglich: Kopieren Sie Ihre eBooks auf mobile Speichermedien (CD, USB-Speicherstick) und machen Sie Werbung in Form kostenloser Kleinanzeigen in spezifischen Fachjournalen.

Online

Bieten Sie Ihre eBooks auf Ihrer Internetseite bzw. in Ihrem eigenen Online-Shop an. Nutzen Sie zusätzlich die Verkaufsflächen anderer Anbieter wie Buchshops und Auktionshäuser. Doch nur die relevanten Internetseiten geben Ihnen eine Erfolgsaussicht für den Verkauf. Haben Sie bspw. erotische Nachtgedanken niedergeschrieben, werden Sie Ihre Zielgruppe gegebenenfalls eher auf einer Erotikseite als in einem Börsenforum finden. (Auch wenn Ausnahmen die Regel bestätigen.)

Werben Sie dort, wo Sie Ihre Zielgruppe finden. Nutzen Sie insbesondere die Möglichkeiten kostenloser Werbung für Ihre eBooks, z. B.

- mit einer kostenlosen Eintragung in Webkatalogen und Linklisten
- mit kostenlosen Kleinanzeigen in Branchenverzeichnisse und Suchmaschinen
- mit der Veröffentlichung einer kostenlosen Pressemitteilung
- mit kostenlosen RSS Feed-Einträgen

Finden Sie insbesondere die Orte, an denen sich Mitwettbewerber noch nicht tummeln. Bevor Sie jedoch für Werbemaßnahmen tief in die Tasche greifen, prüfen Sie, ob es gegebenenfalls sogar Gründe gibt, warum Ihre Mitwettbewerber diese Quelle nicht erschlossen haben. Eventuell stimmt das Preis-Leistungs-Verhältnis nicht oder es handelt sich gar um einen Werbeflächenanbieter, mit dem man nicht gern in Zusammenhang gebracht werden möchte. Es ist wichtig, dass Sie grundlegende Beweggründe anderer rechtzeitig erkennen. Weitere Überlegungen unterscheiden sich zwischen eBook- und Printausgaben nicht. Es ist demnach belangreich zu wissen, wo Sie Ihre auserkorene Zielgruppe antreffen und warum Ihre Zielgruppe Ihr Buch benötigt. Schreiben Sie bspw. Ratgeber, müssen Sie wissen, welche Probleme Ihre Zielgruppe hat. Verkaufen Sie Ihrer Zielgruppe keinen Ratgeber, sondern die Lösung für ein vorhandenes Problem.

Eigener Online-Shop

Bei einem eigenen Online-Shop können Sie selbstständig entscheiden, wann Sie Ihre Bücher zu welchem Preis für welche Zeitdauer einstellen und wie Sie diese bzw. in welcher Ausführlichkeit Sie diese präsentieren.

Doch machen Sie den Weg zum Buch nicht allzu schwer. Kunden lieben intuitive und schnelle Bestellvorgänge. Das sollte Sie nicht davon abhalten, Ihre eBooks vor unberechtigten Zugriff / Download zu schützen. Üblicherweise wird der Download erst nach Zahlungseingang freigeschaltet. Prüfen Sie, inwiefern Sie elektronische Bezahlmöglichkeiten (z. B. PayPal) anbieten können. Bei einem vollautomatisierten Verkauf (Download und elektronische Bezahlmöglichkeit) hätten Ihre Leser den Vorteil, dass sie das gewünschte eBook sofort downloaden können. Besonders einfach für Sie und angenehm für den Leser, wenn Sie zusätzlich eine automatische

Rechnungserstellung umsetzen können (z. B. Druck aus dem Browser ermöglichen).

Selbstverständlich sollte Ihr Online-Shop auch in Suchmaschinen zu finden sein. Erstellen Sie deshalb passende Keywords für jedes einzelne eBook.

VG Wort

Die VG Wort wird für Sie künftig an Bedeutung gewinnen und das sein, was für die Musiker die VG Musikedition ist. Sie vertritt die Rechte von Verlagen und Autoren, kassiert Honorare aus der Nutzung von Nebenrechten wie Tantiemen von öffentlichen Bibliotheken, Zahlungen für Vervielfältigungen, Honorare aus Lesezirkeln. Selbstverständlich ist das durchaus mit Aufwand verbunden. So zieht die VG Wort zunächst Verwaltungskosten ab und der Rest wird an die Wahrnehmungsberechtigten verteilt. Können auch Sie davon profitieren? Und ob. Anmelden kann sich jeder, wer Bücher mit einer ISBN oder Beiträge in der Fach- oder Publikationspresse veröffentlicht. Genauere Angaben werden Sie auf den Internetseiten der VG Wort finden (siehe www.vgwort.de). Machen Sie sich die Mühe, in das spannende Feld einzutauchen. Denn mit der Anmeldung bei der VG Wort ergibt sich auch für Sie die Chance, an der Ausschüttung teilzunehmen und ein zusätzliches Honorar zu erhalten. Das wiederum unterteilt sich in Gerätepauschalen (Scanner, Kopierer) und Tantiemen aus Bibliotheken. Pauschalen sind grundsätzlich gleichmäßig, während - Sie können es sich bereits denken - individuelle Einnahmen auch spezifisch verteilt werden. Insbesondere bei Fachbüchern sind die Hauptbestandteile die Bibliothekstantiemen. Für die Ermittlung werden die Titelbestände der Bibliotheken und die Ausleihhäufigkeit erfragt. Bücher, die in keiner oder nur wenigen Bibliotheken stehen, erhalten eine einmalige Pauschale.

Adressen (eine Auswahl)

Die Welt der Literatur ist vielfältig. Da Sie eine Verlagsadresse dem Impressum entnehmen können, möchten wir an dieser Stelle die Gelegenheit nutzen, auf Informationsquellen des Internets hinzuweisen. Dabei handelt es sich wertungsfrei lediglich um eine kleine Auswahl. Sicherlich werden Sie weiteres Interessantes finden, wenn Sie auf Entdeckungsreise gehen.

Autorenzeitschrift
–   www.federwelt.de

Bücher online lesen und veröffentlichen
–   www.bookrix.de

Druck und Veröffentlichung
–   www.bod.de
–   www.book-on-demand.de
–   www.dissertationsdruck.org
–   www.pro-business.com
–   www.xinxii.com

Fantasy-Literatur
–   www.edfc.de

Lektorat, Dienstleister
–   www.lektorat.de

Literaturportal

– www.bluetenleser.de

Nach Kundenwunsch erstellte Texte

– www.textbroker.de

Ratgeber, Informationen und Termine

– www.literaturcafe.de
– www.uschtrin.de

Rezensionsforum

– www.literaturkritik.de

Schule für Autoren

– www.text-manufaktur.de

Verwertungsgesellschaft

– www.vgwort.de

Wir bedanken uns bei den Unternehmen bzw. Seitenbetreiben, dass wir die Daten übernehmen durften.

Statt eines Nachworts

Als Autor haben Sie es schon nicht leicht. Sie wollten doch einfach nur ein Buch schreiben und nun müssen Sie sich zudem mit Aspekten des Rechts und Marketings auseinandersetzen. Ihr Buch sollte es Ihnen Wert sein.

Ob es uns gelungen ist, diese Problematik mit seinen Facetten zu beleuchten ohne Sie zu demotivieren, können nur Sie entscheiden. Doch hoffen wir, unserem Vorhaben gerecht geworden zu sein.

Selbstverständlich hätten wir das in wissenschaftlicher Manier tun können. Da wir jedoch davon ausgingen, dass Sie dieses Buch möglicherweise auch als Bettlektüre oder auf einer Urlaubsreise begleiten könnte, entschlossen wir uns zu einem Schreibstil, dem mitunter ein kleines Augenzwinkern nicht fehlt. In dem Zusammenhang danken wir insbesondere Frau Annemarie Wanner für ihre konstruktiven Vorschläge, welche maßgeblich die Entstehungsgeschichte des Buches beeinflussten.

Dennoch möchten wir Ihnen anraten, rechtlichen Themen mit dem notwendigen Ernst zu begegnen. Mit der Sicherheit im Gepäck, werden Sie umso mehr Vergnügen bei der Umsetzung Ihrer kreativen Ideen haben. Und riskieren Sie gelegentlich einen Blick auf Ihre Mitwettbewerber. Nein, Sie sollen nicht jene Aktivitäten 'nachahmen', sondern in der Lage sein, bewährte Strategien zu erkennen und für sich zu nutzen. Genügend Kreativität und Fantasie haben Sie doch, um Ihre eigene Note ins Spiel zu bringen? Sie zweifeln? Warum? Sie haben im Gegensatz zu vielen anderen sogar ein eigenes Buch geschrieben. Sie sind ein Buchautor! Wer kann das schon von sich behaupten? Na also, begegnen Sie Ihren Aufgaben mit einem Lächeln. Schlagen Sie noch einmal im Buch nach und freuen Sie sich über jeden kleinen Erfolg, den Sie für sich verzeichnen können.

In diesem Sinne wünschen wir Ihnen, dass Sie Ihre Ziele erreichen!

Köln, im Oktober 2010 / November 2014

Gerik Chirlek und Inge Wanner

Hinweis: Seit dem Jahr 2014 nahm sich Gerik Chirlek der mit Leidenschaft veröffentlichten Werke von Claudine Hirschmann an und führt sie in ihrem Sinne fort.

References

(Print):

Allert-Wybranietz, K. (2001). *Wie finde ich den richtigen Verlag*. München: Heyne.

Bänsch, A. (1983). *Käuferverhalten*. München: Oldenbourg.

Batchelor, B. (2007). *Buch Marketing ohne Geheimnisse*. Norderstedt: Agio Publishing / BOD.

Deutsche Hochschulschriften (1998). *Vom Manuskript zur Publikation*. Egelsbach: Verlag Dr. Hänsel-Hohenhausen.

Autorenhaus-Verlag Plinke (2000). *Deutsches Jahrbuch für @utorinnen 2000/01*. Berlin: Autorenhaus-Verlag Plinke.

Dpa (2010). Umfrage: E-Books sind keine Konkurrenz. In: LVZ, 25./26.09.2010.

Draksal, M. (2002). *Verlagsgründung in Deutschland*. Edition selfpublishing.de. O.O.: Linden.

Englert, S. (2002). *Medienmacher . Nachrichten, Soaps und Online-Magazine*. Hamburg: Ellermann.

Englert, S. (2007). *So finden Sie einen Verlag für Ihr Manuskript.* Frankfurt/M. : Campus.

Glunk, F. R (1994). *Schreib-Art. Eine Stilkunde.* München: dtv.

Hemmann, T. (2003): *Mein erstes Buch. Im Buchdruck auf Bedarf erstellt.* Taucha: Engelsdorfer.

Jagnow, B. (2000). *Marketing für Autoren.* o.O.: Federwelt.

Kana, Garbe, & Mairitsch (2003). *http://TEXT.* Neustadt: ikon.

Khazaeli, C. D. (1998). *Crashkurs – Typo und Layout.* Reinbek bei Hamburg: Rowohlt.

Klaue, S. (1991). *Marktwirtschaft in der Medienberichterstattung.* Düsseldorf: ECON.

Laumer, R. (2005). *Bücher kommunizieren. Das PR-Arbeitsbuch für Bibliotheken, Buchhandlungen und Verlage.* Bremen: Viola Falkenberg.

Laumer, R. (2003). *Verlag-PR.* Bielefeld: transcript.

McCormack, M. H. (2001). *Die Schule der Kommunikation.* München: Heyne Campus.

Noelle-Neumann, E. und Schulz, W. & Wilke, J. (1996). *Fischers Lexikon Publizistik / Massenkommunikation*. Frankfurt/M.: Fischer.

Plinke, M. (2000). *Mini-Verlag. Verlagsgründung, Selbstverlag, Kleinverlag, Verlagsmarketing, Werbung, PR, Verkauf*. Berlin: Autorenhaus-Verlag Plinke.

Riedel, M. & Stüven, F. (1996). *Frauen machen Medien*. München: dtv.

Röthlingshöfer, B. (o.J.). *Kauf! Mich! Jetzt!*. Norderstedt: BOD.

Schwarz, B. (2004). *So verkaufen Sie Ihr Buch!*. Berlin: Autorenhaus.

BOD (2004). *Von der Idee zum Buch. Ein Ratgeber für Autorinnen und Autoren*. Norderstedt: BOD.

Zentes, J. & Effen, I. (1995). *Perspektiven für den Buchmarkt*. Düsseldorf: ECON.

(Online):

Börsenblatt (2009a). AGOF-Studie: Buchkauf im Internet wird immer beliebter. Abgerufen April 25, 2010, von http://www.boersenblatt.net/350217.

Börsenblatt (2009b). Übersetzern steht Erfolgsbeteiligung zu. Abgerufen April 25, 2010, von http://www.boersenblatt.net/341724.

Börsenverein des Deutschen Buchhandels (o. J.). Normvertrag - Autoren. Abgerufen April 16, 2010, von http://www.boersenverein.de/sixcms/media.php/976/Autorennormvertrag.pdf.

Dpa (2009). Online-Auswertungsdienst 'Attributor' neu im Portfolio der dpa. Abgerufen April 25, 2010, von http://www.dpa.de/Pressemitteilungen-Detailansic.107+M501d33a9d20.0.html.

ISBN-Agentur (o. J.). Internationale Standard-Buchnummer. Abgerufen April 01, 2010, von http:// www.german-isbn.org.

Mediafon (o. J.). Empfehlungen, Honorare, AGB's. Abgerufen April 16, 2010, von http://www.mediafon.net/empfehlungen_empfehlungen.php3.

MVB (o. J.). VLB - Verzeichnis lieferbarer Bücher. Abgerufen April 01, 2010, von http:// www.mvb-vlb.de.

Ver.di (o. J.). Lesehonorar. Abgerufen April 16, 2010, von http://vs.verdi.de/fragen_antworten.